인생은 더 많은 것들을 준비해두었다

Vom Vergnügen, älter zu werden: Fit, frech, fröhlich, frei das Leben genießen
by Maria Baier D'Orzaio
© 2016 by Verlag Die Silberschnur GmbH
Korean Translation © 2019 by Cheongmi Publishing Company
All rights reserved.
The Korean language edition is published by arrangement with
Verlag Die Silberschnur GmbH c/o Media Services International through MOMO Agency.

이 책의 한국어판 저작권은 모모 에이전시를 통해
Verlag Die Silberschnur GmbH c/o Media Services International 사와의 독점 계약으로
청미출판사에 있습니다.
저작권법에 의해 한국 내에서 보호를 받는 저작물이므로 무단전재와 무단복제를 금합니다.

인생은
더 많은 것들을
준비해두었다

자아를 찾아 노년의 행복을 이루는 삶

마리아 바이어도라지오 지음

김희상 옮김

청미

차례

*모든 주는 옮긴이 주다.

참조

이 책에 담긴 충고, 응용 방법과 훈련은 저자가 주의 깊게 취재하고 확인한 정보를 성심성의껏 취합한 것이다. 그렇지만 어떤 연습을 할지 혹은 어떤 제안을 실천에 옮길지 하는 것은 전적으로 독자 자신이 결정해야 할 문제다.

이 책은 무엇보다도 인격 함양과 의식 확장을 목표로 독자에게 스스로 자신을 돕는 방법을 알려주려는 의도로 쓰였다. 이 책의 내용은 독자로 하여금 책임 의식을 키우고 자신을 돌아보는 성찰을 유도하려는 것이다. 책 내용을 실제 응용하고자 하는 독자는 이 정보가 의사나 치료사의 전문적인 도움을 대신할 수 없다는 점을 유념해주었으면 한다. 법적·의학적 또는 심리적·정신과적 충고나 도움이 필요한 독자는 해당 분야의 전문가를 찾아보기 바란다.

생동감을 자랑하며 흥미진진한 긴장이 넘쳐나는 노년을 우리는 대개 떠올리기 힘들어한다. 70세 노인이 크루즈 여행을 다니고, 80세 노인이 헬스클럽에서 구슬땀을 흘리는 것을 쉽게 볼 수 있는 시대에 살면서도 우리는 여전히 '늙음'을 병치레, 불편한 거동, 쇠락 등 한마디로 인생과 천천히 작별을 준비하는 것으로 이해한다.

로베르트 보슈 재단°에서 2009년 조사한 바에 따르면 인구의 절반 이상이 노년을 불편하고 번거로운 것으로 받아들였다. 2014년에 독일 국민이 어떤 두려움과 걱정에 시달리는지 조사한 결과, 두 명 가운데 한 명꼴(!)로 늙어서 병 수발을 받는 처지가 되는 게 아닐까 노심초사하는 것으로 밝혀졌다.

진행되는 노년을 부정적으로 바라보는 두려움이 이보다 더 잘 나타날 수 있을까?

• 로베르트 보슈 재단(Robert-Bosch-Stiftung) : 독일의 기업 '보슈(Bosch)'의 창업자 로베르트 보슈의 유지에 따라 1964년에 설립된 공익 재단. 사회봉사 활동을 주 사업으로 하는 재단이다. 자본금은 약 120억 유로(대략 15조 원)이다.

'노년'이라는 단어를 긍정적인 그림과 연결해볼 줄 아는 사람이 거의 없다. 노년에 '아무런 문제가 없으며', 노년에도 여전히 자신을 키우고 발달시킬 수 있다는 말을 믿을 사람이 있을까?

건강하고 활달한 100세 노인을 다룬 기사를 거의 모든 사람이 흥미를 가지고 읽기는 한다. 그러나 자기 자신이 그런 경지에 이를 것이라고 믿는 사람은 거의 없다. 나의 책『고령에 이르기까지 과감하게 인생을 즐기자 Leben wagen bis ins hohe Alter』를 함께 읽는 모임을 가질 때마다 나는 이런 믿음을 가진 사람이 거의 없음을 확인하곤 한다. 청중은 눈빛을 반짝이며 70세에 자신의 꿈을 이룬 사람, 80세에 새로운 취미 활동을 시작하는 사람, 또는 90세에 스포츠에서 놀라운 성적을 거두는 사람의 이야기들을 귀담아듣는다.

그러나 독회가 끝나면 똑같은 청중이 늙음은 전혀 다른 모습을 보이는 게 정상이라고 말한다. 50대 초입의 사람들은 간혹 건강하기만 하다면 뭔가 이룰 수 있을 거라고 말하기는 한다. 그렇지만 정말 드물다. 40대만 하더라도 이미 "난 너무 늙었어." 하고 체념하곤 한다. 심지어 30대마저도 뭔가 새로운 일을 시작하기에는 늦었다고 여긴다. 어쨌든 직업을 갈아타기는 힘들다고 지레 포기하는 자세까지 보인다.

늙음을 생각하며 가지는 가장 긍정적인 생각은 제발 병들지 않았으면, 그리고 되도록 근심 없는 은퇴 생활을 누렸으면 하는 것이다.

이처럼 가슴 깊숙이 부정적인 편견을 가지는 가장 큰 이유는 아무래도 늙음을 바라보는 주변 환경 탓이다. 우리는 주변 사람들이 생각하는 노년에 큰 영향을 받으며, 이런 관점을 받아들여야만 하는 것이 현실이라고 여긴다. 이처럼 노년을 가장 부정적으로 보게 만드는 것은 사회다. 연금이 가장 큰 문제다. 연금은 인생을 '그 이전'과 '그 이후'로 갈라놓는다. 그 이후, 이것이 곧 노년의 시작이다.

그러나 당연한 것처럼 여겨지는 이 고비는 자의적인 구분에 지나지 않는다. 노년으로 넘어가는 경계가 그저 멋대로 그어진 것이라는 점을 우리는 잘 의식하지 못한다. 사람들은 흔히 언제부터 늙은 것인지 숫자로 말하는 경향에서 좀체 빠져나오지 못하기 때문이다. 지금 우리가 살아가는 산업 국가는 흔히 실력을 젊음과 동일시한다. 더는 무얼 해낼 힘이 충분치 않은 사람은 늙었다는 소리를 듣는다. 그러나 늙음을 이처럼 숫자로 규정하는 쪽은 경제와 정치다. 정말 아무 힘이 없는지 사실 여부와 상관없이 경제와 정치는 연금 수령 연령을 곧 '늙음'이라고 정해버린다. 어떤 나라는 60세, 다른 나라는 65세, 또 다른 나라는 67세 하는 식이다.

'연금 수령 연령'이 정해지지 않은 문화, 또는 이런 자의적인 경계 지음을 아직 받아들이지 않은 문화에서는 인생을 훨씬 더 연속적인 것으로 이해한다. 건강이 일하는 것을 더는 허락하지 않을 때, 사람은 비로소 늙는다. 더는 밭일을 하러 나갈 수 없거나, 아예 집 밖으로 나갈 수 없으면 당사자는 늙은이다. 그러나 그때가 언제인지는 개인에 따라 각기 다르다. 60세, 70세 혹은 80세, 아니 심지어 90세나 100세가 되어야 거동하기 힘들어지는 것처럼 늙음은 개인적 편차가 심한 문제다. 노년의 정의는 이처럼 유동적이다.

게다가 객관적으로 높은 연령대에 도달했음에도 '늙음'을 부정적으로 여기지 않는 문화는 얼마든지 있다. 노년을 품위 있는 것으로 이해하며 존중해주는 문화가 그렇다.

또 산업 국가에서도 고령이 되어서도 자립적으로 생활하고 매우 활동적인 사람에게서 보듯 '늙음'은 유동적이며, 명확히 정의되는 것이 아니다. 활달한 마음가짐과 자세로 살아가는 노인은 대개 스스로 생활할 줄 아는 능력을 잃지 않는다.

이처럼 노년의 경계와 정의는 대단히 상대적이다. 그럼에도 우리 안에 깊게 뿌리내린 사고방식은 '60세가 넘은 사람'을 일반적으로 늙었다고 낙인찍는다.

오늘날의 연구와 조사 결과는 현재 60대가 1950년대의 40대와 같다고 확인해주어도 사회가 60 플러스(더 낮게는 50 플러스)의 연령대를 대하는 방식은 달라지지 않는다. 관청, 의사, 행사 주최 측, 광고 전문가, 언론은 이런 새로운 현실을 한사코 외면한다. 신문에는 50 플러스 연령대를 겨냥한 '임플란트'와 요양원 광고가 버젓이 실린다. 청각 보조기 사업은 60세를 넘은 사람들에게 보청기를 안내하는 전단지를 보낸다. 형식상으로는 주식회사이지만 정부가 모든 주식을 소유한 독일 철도에서는 자사에 회원으로 가입한 사람들에게 발급하는 '철도 카드'를 60세만 넘으면 자동으로 '시니어 카드'로 바꿔 발송해준다. 의사는 60세를 넘긴 사람에게 틀림없이 저 익숙한 말투, 곧 "선생님 연령에는……." 하고 말문을 연다.

"그렇지만 늙는다는 것은 몸에서 고스란히 드러난다. 나이를 먹어갈수록 몸이 예전과 같지 않다는 것은 누구나 직접 느끼는 일이 아닌가!" 가장 흔히 듣는 반론이다. 겉보기로는 반박할 수 없는 맞는 말이다.

그러나 이런 겉보기는 근거를 따져보지 않을 경우에만 그럴싸하다. 주변을 돌아보거나 자기 자신을 살피면 나이를 먹어 몸이 쇠약해지는 것이 '현실'이기는 하다. 그러나 이것만이 유일한 현실인 것은 결코 아니다.

많은 사람이 늙어가며 병을 앓는다고 해서 모든 사람이 반드시 병치레를 한다는 결론이 나오지는 않는다. 병을 앓지 않고 건강한 노년을 누리는 사람은 드물지 않다. '예외'라고는 하지만, 늙음을 바라보는 고정 관념에 사로잡히지 않으면, 이런 예외는 노년 생활이 얼마든지 다를 수도 있음을 보여주는 증명이다.

잔병치레를 하는 노년이 '현실적'이기는 하지만, 그렇다고 그것이 언제 어디서나 늘 들어맞는 법칙인 것은 아니다. 어쨌거나 나이를 먹는다고 해서 자동적으로 병을 앓는 것은 '아니라는 점'을 설득력 있게 보여주는 연구와 책들은 무수히 많다. 또 노년 연구가들은 인간이 늙음을 겪는 보편적인 표준이라는 것은 없다는 점을 늘 강조한다. 바로 이 노년이라는 시기야말로 개인에 따라 커다란 차이를 보인다는 것이 노년 연구의 확인이다. 이런 차이는 인생의 다른 단계에 비해 훨씬 더 크다. 개인에 따라 천차만별이라는 확인은 몸은 물론이고 심리적인 특징에도 적용된다.

그럼에도 노년이 되면 병에 시달리는 것이 당연한 법칙이라는 생각은 우리 안 깊숙한 곳에 똬리를 틀고 있다. 대다수의 사람들은 늙기도 전에 이미 이런 '운명'을 자신의 것으로 받아들이기도 한다. 그러나 운명을 거부하는 사람들은 좋은 노년, 곧 무엇보다도 건강한 노년을 위해 노력을 아끼지 않는다.

건강한 노년을 누리고자 하는 의지는 기적을 부르는 힘이다. 이런 의지는 그 자체만으로도 대단한 플러스다. 그렇지만 근본적으로 우리가 궁극적인 목표로 생각하는 건강한 노년은 사실 생활의 기초일 뿐이다. 또 이런 의지를 품는다 할지라도 늙으면 언젠가는 내리막길을 걷게 되리라는 고정 관념은 좀체 변하지 않는다. 바로 그런 이유로 사람들은 될 수 있는 한, 늙는 것을 늦추려 안간힘을 쓴다.

늙음을 되도록 늦추려는 안간힘은, 계속해서 성장하며 자아를 실현하고자 하는 의지와는 거리가 멀다. 나이에 아랑곳하지 않고 계속 성장하고자 하는 욕구와 늙는 것을 늦추려 함이라는 상반된 목표 설정은 우리의 생각과 주의력을 분산시켜 오히려 인생을 바람직한 방향으로 이끌지 못한다.

내가 이 차이의 중요성을 강조하는 이유는 간단하다. 생각의 초점을 어디에 맞추느냐에 따라 결과물이 전혀 달라질 수 있기 때문이다. 그저 부정적인 것을 예방하고자 하는 태도는 일종의 '피해 줄이기'와 같다. 그러나 이런 태도는 긍정적 관점과 동의어가 아니다.

노년을 계속해서 자아를 키울 기회로 바라보는 것은 단순한 '관리 대책' 이상의 것을 요구한다. 요구되는 것은 근본적으로 다른 관점이다. 이 관점은 전혀 다른 생각을 전제로 한다. 고정 관념을 과감하게 버리고 늙음을 바라보는 통상적 기준을 뒤집어야 노년은 긍정적인 것으로 바뀐다.

이탈리아의 의사이자 심리치료사인 비토리오 카프리오글리오^{Vittorio} Caprioglio는 사고방식의 이런 전환을 단 한 문장으로 정리해냈다. "늙음이라 부르지 말고 성장이라 하라!" 그는 이렇게 썼다. "내리막 길이 아니라, 계속해서 정상으로 나아가는 것, 완전함, 절정을 이루려는 행보여야 한다."

제한하지 말고 개발하자. 잃음이 아니라 얻음이다. 체념에 빠지지 말고 인생을 살자!

초점을 바꾼 사고방식은 우리를 단순한 건강을 넘어서서 훨씬 더 먼 곳으로 이끈다. 구호는 건강한 노년 그 이상의 것을 외쳐야 한다. 구호는 긍정적인 태도, 긍정적인 생각과 생활을 이끄는 내용을 담는 것으로 확장되어야 한다. 건강하고 자신만만하게, 활달하고 자유롭게, 우리의 생각이 이런 좀 더 전체를 아우르는 원리를 담아낼 때, 짐작도 하지 못했던 무수한 가능성이 활짝 열린다. 이런 가능성은 헬스클럽 바깥에도 얼마든지 존재한다.

사고방식을 긍정적으로 바꿔야 비로소 노년의 새로운 그림이 그려진다. 아니, 노년을 고정된 형태로 묶는 그 어떤 표준도 없기 때문에, 그림이 아니라 생동하는 현장이 그려진다. 이제 우리는 완전히 다른 노년과 마주한다. 우리는 의지만 가진다면 모두 이 현장에 다다를 수 있다. 바꿔 말해서 우리는 진정한 생명력을 목표로 세워야 한다.

모든 목표는 그곳에 이를 길을 가진다. 우리는 이 목표에 도달할 계획을 세워야 한다. 이 책은 목표로 나아가는 첫걸음이다.

레밍˙이냐 동물의 왕 호랑이냐 – 노년의 우리는 무엇이 되고자 하는가?

노년을 바라보는 다른 관점의 중요한 요소, 그렇지만 거의 누구도 이야기하지 않는 요소는 인생을 단계와 단계로 끊기는 것이 아닌 일종의 연속체로 바라보는 것이다.

'연속체인 인생'이란 구체적으로 무엇을 뜻할까? 그리고 왜 이렇게 보는 것이 중요할까? 연속은 끊김의 반대말이다. 연속적인 인생관은 '노년'을 따로 구분된, 비록 피할 수는 없지만 상대적으로 원하지 않는 현상으로 바라보지 않는다. 연속적인 인생관은 우리를 원래의 우리 자신에게로, 우리의 근본적인 정체성으로 되돌려준다.

고유한 정체성이 일관되는 연속체 인생은 우리의 삶을 안내해주는 붉은 실타래와 같다. 이 붉은 실을 놓치지 않고 따라가며 적극적으로 인생을 살아갈수록 우리는 '노년'을 두려워할 필요가 없다. 이렇게 바라보는 노년은 그저 숫자에 불과하기 때문이다.

'늙음'이나 '연금 이후'보다는 인생의 모든 순간을 충실하게 살아내며 온전한 자아를 실현하는 자세는 인생을 연속체로 바라볼 때에만 생겨난다. 순간과 순간은 하나의 흐름이 된다. 흐름으로서의

• '나그네쥐'라고도 한다. 집단을 이루고 직선적으로 이동하여 호수나 바다에 빠져 죽는 일도 있다.

연속체. 또는 삶을 흐름으로 의식하는 자세.

이게 무슨 소리일까 싶어 이마가 찡그려지는가? 반론을 제기하고 싶어 입이 근질거리는가? 좋다, 그러나 잠깐만 기다려보자. 이 책을 몇 쪽 더 읽으면 내가 무슨 말을 하려는 것인지 더 잘 이해하게 될 것이 분명하다. 반론이야 언제든지 할 수 있다.

'레밍이냐 동물의 왕 호랑이냐', 왜 이런 묘한 제목일까? 잠깐만 귀 기울여 들어보면 의문의 답은 저절로 풀린다. 레밍은 무리를 지어 몰려다니는 것으로 잘 알려진 동물이다. 레밍이 어떤 최후를 맞이하는지도 마찬가지로 잘 알려져 있다. 레밍은 흔히 무리를 지어 죽음으로 뛰어든다. 레밍의 자살이 말이 되지 않는 전설이라고 여기는 과학자도 없지는 않지만, 어쨌거나 그 사실 여부가 지금 중요한 것은 아니다. 레밍은 어떤 특정 동기 탓에 무리를 짓는다는 사실만으로도 우리의 예로는 부족함이 없다.

늙음 탓에 레밍이 되지는 말자! 많은 다른 사람들이 '당연하다'고 여긴다고 해서 그런 통념을 따르지 말자. '늙음'을 떠올릴 때면 동물의 왕 호랑이 또는 사자나 독수리가 되자. 중요한 것은 무리를 따르지 않는 자부심과 자신감이다.

노년을 인생의 따로 떼어진 한 부분으로 여기지 말고, 자신의 이상, 자신의 꿈, 자신의 재능을 충실하게 펼쳐내며 충만한 삶을 살아내는 사람을 모범으로 삼자. 자기 자신 안에 숨은 행복의 단서를 일찌감치 찾아 나설수록 그만큼 더 우리 앞에 놓인 인생은 행복해진다. 우리 안에 숨은 행복, 이것은 곧 있는 그대로의 자신을 뜻한다.

나는 『고령에 이르기까지 과감하게 인생을 즐기자』에 무엇을 이룩할 수 있는지 보여주고 입증한 본보기의 무수한 사례를 담았다. 이 예들을 바탕으로 나는 이 책의 목적에 맞는 특히 강한 설득력을 자랑하는 것을 골랐다. 이 사례들을 읽는 독자들 중에는 아마도 어떻게 이런 일이 가능하냐며 여전히 의구심을 지우지 못하는 사람들도 있을 것이다. 그러나 일관되게 목표를 추구하는 사람은 이내 이런 의구심을 털어버릴 수 있다.

이 책은 '노년을 새롭게 바라봄'으로 나아가는 첫걸음이다. 이 책은 무엇이 가능한지 가늠할 눈을 뜨게 해주며, 어떻게 이를 이룩할 수 있는지 실천의 길을 보여준다. 다른 사람들이 심지어 대단한 고령에도 어떤 일을 성취했는지 확인한 독자는 이에 자극과 격려를 받아 자신도 행복한 노년을 꾸리는 길을 찾아 나설 게 틀림없다.

이 책은 내가 인생 지침, 또는 인생 안내서로 기획한 3부작 가운데 첫 편이다. 이후 계속 나올 두 권은 이 책에서 시작된 과정을 이어나갈 예정이다. 두 번째 책은 내면의 마음가짐으로 '젊음'을 연습할 창의성을 주제로 다룬다. 마지막 책은 노년을 두고 사회가 일반적으로 품는 통념을 바꾸도록 영향을 주고자 한다.

이 책은 어떻게 탄생했나

이 책은 '지침서' 혹은 '워크북'의 성격을 띠기도 한다. 노년을 연습하는 '워크북'이라? 대체 노년이 '연습'할 수 있는 것이기는 한가? 답은 간단하다. 좀 더 흥미진진한 노년 생활을 원하는 사람이라면, 지금 당장 이를 위한 노력을 시작해야만 한다. 무엇보다도 노년을 떠올리는 다른 사고방식을 연습해야만 한다.

이 책을 읽는 독자가 40대, 50대 혹은 60대라면, 이 책이 보여주는 독특한 노년과는 정반대가 되는 이야기를 최소한 30년, 40년 혹은 50년 동안 들어왔으리라. 어려서부터 우리는 노인을 두고 흔히 쓰는 말투와 농담에 익숙해져 왔다. "다리가 세 개인 사람은 누구일까?" 하는 따위의 수수께끼가 그 좋은 예다. 또 어려서 우리는 흔히 이런 말을 들었다. "시끄럽게 하지 마. 할머니는 조용히 쉬셔야하니까.", "할아버지한테 그러지 마. 할아버지는 몸이 불편해서 너처럼 잘하지 못해서."

젊은 시절 우리는 50대에 실직을 하거나 70대의 가난한 연금 생활을 예방하기 위해 모든 종류의 보험을 들어야만 한다는 이야기를 귀 따갑게 들었다. 나중에 직장 생활에 지친 친구는 이렇게 투덜거렸다. "40대만 되어도 깜깜해. 달리 뭘 할 수 있는 것이 없어." 또는 심술궂은 동료는 이런 말을 하기도 한다. "저 55세의 늙다리는 이제 알아서 물러나야 하지 않아?"

이처럼 노년을 두고 우리가 평생 들어온 부정적인 생각과 표현의 목록은 끝없이 늘어나기만 한다. 결국 그 가운데 많은 것은 우리가 의식하거나 곰곰이 따져보지도 못한 가운데 당연한 이야기처럼 우리를 세뇌시키고 만다. 그래서 아마도 오늘날 40대는 벌써 이렇게 중얼댄다. "그런 일을 하기에 나는 너무 늦었어." 또 50대는 이렇게 탄식한다. "아, 이런 것이 늙는다는 아픔이구나."

우리 안에 깊게 뿌리내린 이런 관점과 통념은 버리고 싶다고 해서 간단하게 벗어던질 수 있는 것이 아니다. "습관을 창밖으로 던져버릴 수는 없다. 습관은 힘겹게 계단으로 끌고 내려와야만 한다." 이런 격언은 괜스레 나온 것이 아니다. '흔히 하는 생각', 이것도 분명 습관이다.

오랜 세월 동안 차곡차곡 쌓이면서 굳어진 생각은 책을 읽는다고 지워지지 않는다. 책이 흥미롭고도 설득력 있게 그런 생각은 틀렸다고 누누이 풀어주어도 마찬가지다. 낡은 생각을 버리고 새로운 것으로 바꾸기 위해서 우리는 더욱 많은 투자를 해야만 한다.

내가 『고령에 이르기까지 과감하게 인생을 즐기자』를 쓸 당시 이미 어떤 사람들은 책에 '연습'도 포함되느냐고 물었다. 나는 아니라고 대답했다. 어떤 경우에도 일종의 지침서를 쓰고 싶지는 않았기 때문이다. 노년을 주제로 다룬 첫 책으로 내가 원했던 것은 용감하고 위대한 노인들을 위한 기념비를 세우는 것이었다. 이런 목적을 위해 나는 대중의 폭넓은 통념에 맞서 노년을 부정적으로 보는 관점은 분명히 편견이라는 것을 강력하게 증명하려고 취재 대상의 하한 연령을 80세로 잡았다. 80대, 90대, 심지어 100세를 넘긴 노인이 사업을 하며, 학업을 완수하고, 결혼하거나 토크쇼에 출연해 입담을 뽐내거나 심지어 스포츠 대회에 출전해 손색이 없는 경쟁을 펼친다면, 60대부터 피할 수 없이 내리막길을 걷는다거나, 노인은 그저 수동적인 소비자에 지나지 않는다거나, 사회에 짐만 될 뿐이라는 통념을 확실히 반박할 수 있지 않은가? 동시에 나는 독자에게 노년에도 가능한 모든 것의 팔레트를 보여주고, 이런 가능성을 다른 누구도 아닌 자신의 것으로 삼도록 용기를 북돋워주고 싶었다.

나중에 책의 독자들과 많은 대화를 나누며 나는 실제로 다른 노년이 가능하며, 이를 진지하게 준비하고자 하는 사람들에게 '워크북'은 참 유용할 수 있겠다는 점을 깨달았다.

바로 그런 이유로 나는 지침서 혹은 자기 계발서를 써도 좋다고 마음을 굳혔다. 20년 동안 각종 국제 프로젝트의 자문역을 맡아왔던 경험을 살려 나는 세 권의 시리즈, 곧 앞서 언급했던 3부작의 '워크북'을 쓸 구상을 가다듬었다.

『고령에 이르기까지 과감하게 인생을 즐기자』는 건강하고 활달한 노년 생활이라는 주제를 폭넓게 다룰 일종의 주춧돌이 되는 책이다. 이 책이 노년이 가진 잠재력을 알아내고 증명하는 것을 중점적으로 다룬 반면, 3부작은 건강하고 활달한 노년에 영감을 불어넣어주고 실질적으로 연습을 해볼 실용적인 특징을 가진다. 개인에게 맞춘 연습은 이 시리즈의 심장을 이룬다.

이 책을 실천에 옮기는 방법

미리 분명히 해두자면 원치 않는데 굳이 실천에 옮길 필요는 없다. 그냥 이 독특한 일화들을 읽고 기쁨을 누리기만 해도 충분하다. 그래도 독자 여러분에게 보탬이 되기는 하리라. 하지만 개인적이고 아주 구체적으로 자신의 미래를 기획하고자 하는 독자는 그 실타래를 이 책에서 찾아볼 수 있다. 이 책은 실천적 워크북으로 손색이 없다.

책은 크게 두 부분으로 나뉜다. '노년을 바라보는 생각을 물구나무 세우자'라는 제목의 제1부는 노년을 부정적으로 바라보는 사고방식을 깨끗이 청소하려는 목표를 가진다. 틀에 박힌 부정적 사고, 이를테면 노년은 질병과 고독과 갈수록 떨어지는 정신력과 매력을 의미한다는 사고방식은 깨끗이 잊어버리자. 인생은 성장과 자아실현에 초점을 맞추어야 한다고 자신을 다독이자. '미래를 의식적으로 설계하고 확장하자'라는 제목의 제2부는 건설적인 인생 설계를 목표로 삼는다. 자신의 정체성을 찾아갈 붉은 실타래를 놓치지 않고 창의성과 열정과 정신력을 키우는 자아실현에 초점을 맞추는 젊은 생각이 핵심이다.

각 부분에는 실제 사례를 다룬 장이 주된 내용을 이룬다. 부정적인 사고방식을 떨치고 노년을 보는 통념을 벗어난 독특한 방식으로 인생을 만끽하는 사람이 실제 살아가는 모습이다.

사례는 지극히 다양한 인생 영역들에서 골라 취합했으며, 앞에서도 언급했듯, 대부분 『고령에 이르기까지 인생을 과감하게 즐기자』라는 책에서 좀 더 특별한 것을 골랐다. 책을 구성한 기본 구상은 핵심적인 인물 한 명을 소개하고, 그 예에 비추어 긴장감에 넘치는 행복한 노년의 특성이 무엇인지 알아내고 이 주제를 각각의 장에서 음미하는 것이다.

원칙적으로 진지하게 무엇인가 이룩하고자 하는 사람에게 정작 필요한 것은 바로 모범이라고 나는 생각한다. 나의 이런 생각은 하버드 대학교 심리학 교수 엘렌 랭거Ellen Langer가 쓴 『가능성의 심리학The Psychology of Possibility』에서 비롯되었다. 그녀는 이 책에서 어떤 유일한 주체, 우리의 경우에는 어떤 유일한 인간이 무엇인가 가능함을 보여주는 것만으로 충분한 동기 부여가 된다는 논제를 펼친다. 노년을 새롭게 받아들이는 생각의 핵심은 무엇이 가능한지 알아내어 이를 바로 나 자신에게도 적용하는 것이다.

각각의 핵심 주제가 가지는 개별적 측면들을 부연하거나 강조하기 위해 나는 늘 거듭 몇 가지 작은 보충 사례를 덧붙였다. 그러나 많은 사례들로 나의 논리를 입증하는 것이 이 워크북의 의미와 목적은 아니다. 이 책을 읽거나 워크북으로 활용해 연습해보면서 열거한 사례가 충분하지 않다거나, 설명이 부족하다고 느끼는 독자는 『고령에 이르기까지 과감하게 인생을 즐기자』를 읽어보기 바란다. 이 책보다 세 배 정도 더 포괄적인 내용을 담은 『고령에 이르기까지 과감하게 인생을 즐기자』에서 독자 여러분은 다양한 사례는 물론이고 각 주제를 뒷받침하는 꼼꼼하게 정리된 자료도 찾아 읽을 수 있다.

이런 사례들로부터 역동적인 노년 생활의 핵심 특성을 추려내고, 이어지는 설명과 고찰에서 독자 여러분은 이런 특성을 자신에게서 찾아내어 키울 토대를 얻는다.

이어지는 '연습' 부분에서 독자 여러분은 이런 깨달음을 실천적으로 자신과 관련시키는 기회를 누릴 수 있다. 이 연습은 사회의 통념,

곧 사회가 그리는 노년의 그림으로부터 벗어날 수 있게 도와준다. 변화한, 좀 더 긍정적인 그림을 그려보도록 하자. 활기찬 노년을 가로막는 장애물을 발견해 이를 계속해서 긍정적인 것으로 대체해나가자.

우리 안에 깊게 뿌리내린 견해, 확신, 믿음은 몇 번의 연습으로 떨칠 수 있는 것이 아니다. 바로 그런 이유로 충분한 시간을 가지고 거듭 생각을 곱씹으며 연습하는 것이 좋다. 예를 들어 첫 시도에서는 그 시간이 일주일 정도가 될 수도 있다. 그 시간 동안 아무런 강박 관념이 없이, 이를테면 잠들기 전에 핵심 주제를 떠올려보자. 주제를 충분히 내면화했다는 느낌이 강해질 때까지 연습을 계속하자.

각 사례의 말미에 붙은 '개인적인 메모장'은 책을 읽으며 그때그때 머릿속에 떠오른 생각을 적어보라는 용도이다. 읽은 것이 그저 밖에서 주어진 이론적 지식에 그치지 않고 자기 것으로 자리 잡기 위해서는 이 메모가 꼭 필요하다. 자신이 쓴 메모는 구체적으로 인생에 영향을 미치는 중요한 것이다.

그냥 떠오르는 대로 자유롭게 적어보자. 분류하지도 검토하지도 말자. 충분한 시간을 두고 생각을 구체화할 수 있도록 기다리자. 책을 다 읽고 메모된 생각들을 다시 훑어보며 어떤 것이 진정 가슴을 파고드는 것인지 헤아려보자.

열두 개의 장을 읽는 동안 아마도 어떤 주제가 다른 것보다 더 흥미로워 보이거나, 어떤 연습이 뒤에 따르는 세 가지 연습보다 더 호소력을 가지는 일은 얼마든지 있을 수 있다. 이런 자신의 선호도를 주목하자. 차례를 노예처럼 따를 필요는 없다. 가슴을 울리는 것, 짙은 여운을 남기는 것을 더욱 집중적으로 파고들자. 물론 각 사례와 연습은 그에 맞는 논리에 따라 선택된 것이다. 그러나 논리만 따른다고 해서 새로운 발견이 이뤄지는 것은 아니다. 창의적인 카오스, 직관적 선택이 논리적 질서보다 더 확실하게 우리를 목표로 이끈다.

각각의 사례는 물론이고 이 책 전체의 핵심은 독자 여러분이 나중의 활달하고도 생기 넘치는 노년 생활을 구체적으로 떠올릴 수 있도록 실제 도움이 되는 방법을 찾아내는 것이다. 어떤 것이 중요해 보이는가? 무엇이 여러분의 개인적 능력, 지금껏 살아온 지극히 개인적인 인생 경로와 맞는가? 어떤 방법이 '따라 할 만하며', 어느 정도 설득력을 가지는가?

이런 물음에 정해진 답은 있을 수 없다. 옳은 것도 틀린 것도 없다. 중요한 것은 오로지 독자가 직접 해당 사례와 설명을 곱씹어보며 어떤 것이 자신과 맞는지 찾아보는 일이다. 유일한 '의무'는 이렇게 찾아낸 것을 자신의 것으로 만들기 위해 계속 노력을 기울여야 한다는 점이다.

중요한 것은 각 장을 읽을 때마다 어떤 경우든 부정적인 사고로 끝맺지 않는 것이다. 크고 어마어마해서 "나는 결코 저런 것을 해낼 수 없어." 하는 태도보다 작고 적절한 목표를 세우는 것이 중요하다.

이 책을 읽고 활용할 때 세 가지 점을 특히 유념하자. 우선 각 장을 구체적으로 그림을 그려가며 읽고, 더 나아가 항상 긍정적으로 받아들이며, 마지막으로 침착하게 자신이 선호하는 것을 빚어가자.

이 책을 다 읽고 모든 연습을 섭렵했다고 끝나는 것이 아니다. 중요한 것은 독자 여러분이 개인적이고 구체적으로 읽은 내용을 자기 것으로 만드는 일이다. 마지막에 여러분이 직접 메모한 모든 아이디어를 함께 살펴보자. 지극히 개인적인 목표와 계획의 스펙트럼을 만들어보자. 그런 다음 흥미롭거나 중요하거나 우선시해야 하는 것을 골라 그 실행 방안을 찾아보자.

이 차원에 올랐다면 앞으로 나아갈 큰 발걸음을 내디딘 셈이다. 이제 당신이 그리는 노년의 그림은 전혀 다른 풍경을 보여준다. 호기심을 가질 수 있어 벌써부터 즐거움이 느껴지는 바로 그것을 시작하자.

참조

이 책에 언급된 인물의 모든 말은 내가 당사자를 인터뷰했거나 마지막으로 소식을 들었을 때의 시점, 또는 언론에서 관련 보도를 했던 시점의 연령대에 비추어 고른 것이다. 독자 여러분이 이 책을 읽는 지금 언급된 인물 가운데 몇 분은 이미 사망했거나, 그 높은 연령으로 미루어 사망했을 수 있다. 그러나 나는 사망 여부는 그다지 중요하지 않다고 생각한다. 결정적인 것은 이분들이 우리에게 용기를 심어주었다는 점, 말하자면 일종의 유산을 남겨주어 우리에게 모범을 제시했다는 점이다. 우리는 소크라테스의 말에서 영감을 얻으며, 헤밍웨이의 책을 읽고 모차르트의 음악을 들으며 피카소의 작품을 보고 감탄한다. 모두 이미 오래전에 세상을 떠난 인물이지만, 앞으로도 영원히 우리에게 인생의 길라잡이가 되어줄 위인이 아닌가.

제1부

노년을 바라보는 생각을
물구나무 세우자

미국의 심층심리학자 제임스 힐먼$^{James\ Hillman}$은 노년을 두고 흥미로운 발언을 했다. "노년을 괴롭히는 주된 병은 우리가 노년에 대해 가지는 생각이다."

기적과도 같은 아름다운 노년을 인상적으로 보여준 인물을 우리의 구체적인 모범으로 살펴보기 전에 먼저 잠깐 우리의 생각을 사로잡고 있는 전제에 어떤 것이 있는지 검토해보자. 우리는 대개 부모, 가족, 친구 등 사회적 주변 환경과 사회 그 자체가 심어준, 노년을 바라보는 고정 관념을 가진다. 이 고정 관념은 말 그대로 판에 박힌 모습을 자랑한다. 너무도 당연하게 여겨지는 나머지 누구도 문제 삼지 않는 것이 이런 고정 관념이다.

근본 전제는 나이를 먹어갈수록 '어떤 경우든 내리막길을 걷는다.'는 것이다. 몸이 갈수록 힘을 잃고 쇠락하는 것이 그 분명한 증거라고 우리는 생각한다. 나이를 먹을수록 몸과 정신이 '자동적으로 쇠퇴한다.'는 생각은 피할 수 없이, 배움, 도전, 창조적 활동, 사랑처럼 즐겁고 활력이 넘치는 '삶'에 일종의 '유효 기간'이 있다는 믿음을 이끌어온다. 특정 시점이 되면 많은 일을 하기에 '너무 늦었다.'는 믿음은 집요하고도 강력한 힘을 발휘한다.

그러나 이후 우리가 만나볼 인물들은 이런 전제와 생각을 물구나무 세운다. 나는 이 책을 읽는 독자 여러분이 사례와 연습으로 영감을 얻어 이 독특한 남성과 여성들처럼 노년의 삶을 영위하기를 간절히 희망한다. 이 아름다운 모범을 본받아 노년을 바라보는 고정 관념을 물구나무 세우거나, 최소한 근본적으로 흔들어보려는 과감한 행보는 우리에게 꼭 필요하다.

젊어서는 병에 시달렸는데, 늙어서 건강하다?
충분히 가능하다!

91세에 후지산에 오른 여인
훌다 크룩스

우리의 이야기를 훌다 크룩스^{Hulda Crooks}부터 시작하기로 하자. 이 사례가 가장 극적이어서 그런 것은 아니다. 나는 훌다 크룩스의 인생에서 특히 두 가지 점을 주목해 첫 사례로 꼽았다.

첫 번째 것은 내가 『고령에 이르기까지 과감하게 인생을 즐기자』의 서문에서도 언급했듯, 활력이 넘치는 노년을 알아보려는 내 모든 노력이 훌다 크룩스로 시작되었다는 점이다. 그녀는 매우 고령인데도 믿기 힘든 성취를 이룬 인물 가운데, 내가 찾아낸 첫 사례다. 훌다는 91세에 후지산 정상에 올랐다. 그때는 1987년이었다. 나는 당시 35세였다. 훌다 크룩스의 이야기를 처음 접한 이후 나는 이때 받은 감격을 결코 잊을 수 없었다. 오늘날에도 당시의 감격은 생생하기만 하다.

내가 훌다 크룩스의 이름과 맞물려 주목하는 두 번째 것은 어떤 오스트리아 작가가 한 말이다. 그는 나에게 보낸 편지에 이렇게 썼다. "내가 『고령에 이르기까지 과감하게 인생을 즐기자』를 읽고 개인적으로 얻은 특별한 교훈은 다른 누구도 아닌 95세의 할머니가 세계 기록에 오를 정도로 높은 산을 등반하고 다닌다면, 나는 (지금의 생활 태도로 미루어) 95세에 최소한 편안히 두 발로 걸으며 장을 보러 다닐 수 있을 거라는 밝은 전망입니다!" 이상적인 모범을 따르며 이런 가능성을 자신의 것으로 만드는 태도야말로 이 책을 쓰게 된 결정적 동기다.

미국 여성 홀다 크룩스는 지금껏 후지산 정복에 성공한 사람들 중 가장 나이 많은 여성이다. 81세에서 90세가 되기까지 그녀는 전부 97번 정상에 올랐다. 그 가운데 족히 24번은 해발 고도 4,000미터의 휘트니산*을 등반했다.

홀다 크룩스의 특별한 점은 무엇일까? 아마도 사람들은 곧장 이렇게 대답하리라. "그거야 분명 4,000미터의 험산을 오른 91세의 노파라는 것이 특별한 점이죠."

맞는 말이기는 하지만, 홀다 크룩스의 진짜 특별한 점은 좀 다르다. 홀다 크룩스는 젊어서는 운동과 담을 쌓고 살았으며, 등산은 65세가 되어서야 처음으로 시작했다는 사실이 그 특별함이다.

그녀는 16세에 이미 체중이 70킬로그램을 넘길 정도로 고도 비만이었으며 끊임없이 잔병치레를 했다. 30대 초반이 되어서 그녀는 이미 자신의 몸이 거의 망가질 지경임을 알아차리고 식생활을 개선하기로 결심했다. 이후 그녀는 건강한 식생활만으로는 충분치 않으며 운동이 꼭 필요함을 깨달았다. 이때부터 산책을 다니고 도보 여

---

* 휘트니산(Mount Whitney): 알래스카 주를 제외하고 미국에서 가장 높은 산으로 해발 고도 4,421미터에 달하는 산이다. 산의 서쪽에 세쿼이아 국립공원이 있다.

행도 시작했다. 계단 오르기는 그녀의 습관이 되었다.

훨씬 더 나중에, 흔히 말하듯 '늙은이'가 되어서야 훌다 크룩스는 등산이라는 운동을 발견했다. 72세의 나이로 그녀는 휘트니산을 심지어 두 주 동안 두 번 올랐다. 배낭을 메는 본격적인 등산은 75세에 시작했다. 이것도 쉽게 볼 수 있는 일은 아니다. 훌다 크룩스는 여러 차례 장거리 도보 여행을 하기도 했으며 마라톤 대회에 참가했다.

80세에 훌다 크룩스는 자신의 '건강 비결'을 이렇게 털어놓았다. "일찍 잠자리에 들고 새벽에 일어납니다. 5시 반에 조깅을 합니다." 젊어서는 전혀 몰랐던 운동과 건강을 그녀는 늙어서야 마음껏 누렸다.

94세 때 훌다 크룩스의 건강 상태는 젊은 시절과 완전히 정반대였다. 훌다를 진단한 의사는 "그녀는 18세 소녀의 심장과 허파를 가졌습니다."라고 말했다. 몸 상태의 이런 변화 역시 노년을 바라보는 모든 통념을 뒤집어놓는 훌다 크룩스의 특별한 점이다.

훌다 크룩스는 우리에게 어떤 영감을 주나?

훌다 크룩스의 사례는 활력이 넘치는 건강함을 가꾸기 위해서는 어떻게 해야 하는지 여러 가지 생각을 하게 만든다. 이 장은 바로 이 문제에 초점을 맞춘다.

훌다 크룩스는 매우 고령의 나이에도 해발 고도 4,000미터를 오르는 것과 같은 대단한 활동이 얼마든지 가능함을 보여주었다. 심지어 이런 활동을 무척 늦게 시작했다는 점은 더욱 놀랍다.

더 나아가 그녀의 사례는 우리 몸이 특정 연령대가 되면 자동적으로 쇠퇴한다는 보편적인 법칙이 성립하지 않음을 웅변한다. 심지어 그녀의 건강은 나이를 먹어갈수록 '거꾸로' 더 나아졌다. 이 두 가지 사실을 우리는 이 장에서 집중적으로 다루어보자.

91세에 해발 고도 4,000미터를 오르다

훌다 크룩스를 만나면서 우리는 이미 새 출발의 행보를 내딛는다. 우리가 무의식에 그런 일은 가능하지 않다고 기록해두었던 것이 무너지는 순간이다. 아마도 독자는 이 대목에서 이런 의문을 품으리라. "내가 지금껏 알지 못했던, 또는 믿지 못했던 그런 사례로부터 나는 무슨 교훈을 얻어야 할까?"

이런 물음의 답은 앞서 이미 오스트리아 작가가 정리해주었다. "이런 사례에 비추어 나는 나의 나이를 어떻게 바라보아야 좋을까? 그렇구나, 나도 70세, 80세 혹은 90세에 스키를 타고 서핑을 즐기며 등산을 다니자." 또는 그냥 적정하게 80세에 '그저 편안하게' 자전거를 타거나, 90세에 개를 데리고 오랜 산책을 즐기자는 다짐도 얼마든지 할 수 있다.

어느 쪽을 택하든 결정적인 점을 우리는 유념해야만 한다. 우리는 진심으로 믿는 바로 그것만 이룩할 수 있다! 드높은 목표를 정하고 매일 이를 실현할 수 있을지 의심하기보다는 적절한 목표를 세우고 확실히 해낼 수 있다고 굳게 믿는 자세가 꼭 필요하다.

지금 40대, 50대 혹은 60대의 독자는 아마 이런 의문을 품을 수도 있겠다. '80세가 되어 자전거를 타거나, 90세에 개를 데리고 산책하는 것이 지금 나한테 무슨 도움을 주지?' 바로 그런 이유로 나는 아주 딱 맞는 제목의 책 한 권을 소개하겠다. 『생각은 현실을 만드는 힘이다Gedanken sind wirkende Kräfte』라는 제목의 책은 1972년 독일 정부로부터 공로훈장을 받은 유명한 저자이자 인생 상담사인 K. O. 슈미트*가 쓴 것이다.

생각이 가진 힘을 과소평가하지 말자. 생각은 조용하면서도 은밀하게 우리의 인생을 주무른다. 많은 위대한 사상가, 작가, 철학자에게서 비슷한 말은 얼마든지 찾아볼 수 있다. "네 인생의 행복은 네가 무슨 생각을 하느냐에 달렸다." 이 말은 고대의 위대한 인물 마르쿠스 아우렐리우스*가 한 것이다.

아우렐리우스의 이런 가르침은 훌다 크룩스의 경우에만 들어맞

• 카를 오토 슈미트(Karl Otto Schmidt : 1904~1977): 독일 작가로 인생살이에 조언을 해주는 100여 권 이상의 책을 쓴 인물이다. 19세기에 미국에서 시작된 이른바 '신사상 운동(New Thought Movement)'을 독일로 받아들여 그것을 전파하는 데 힘썼다. 슈미트는 일종의 범신론인 '신사상 운동'으로 인간의 신성을 강조하면서 부정적 사고의 폐해를 일깨워주고 긍정적 생각이 인생을 바꿀 수 있다고 강조했다.

• 마르쿠스 아우렐리우스(Marcus Aurelius : 121~180): 로마제국의 16대 황제이자 철학자.

는 것이 아니며, 이 책의 바탕에 깔린 초석이다. 생각의 힘은 노년을 바라보는 긍정적인 관점이 얼마나 중요한지 여실히 증명한다. 생각의 힘을 믿을 때 긍정적 미래를 누릴 기회는, 앞으로 결국 부정적인 것만 나를 기다린다고 절망할 때보다 훨씬 더 커진다. 우리 모두 생각이 가진 긍정적인 힘을 택하자.

너무 늦은 때는 결코 없다 – 운동도 마찬가지다

"너무 늦은 때는 결코 없다."라는 말은 이 책의 다양한 맥락에서 거듭 만나게 될 것이다. 나는 앞으로 다양한 측면에서 이 말에 담긴 의미를 살필 것이며 지금은 오로지 운동에만 국한해 그 의미를 곱씹어보고자 한다.

혹시 댄스 교습이나 수영 강습을 받거나 태권도 학원에 등록하고 싶었지만 그러기에는 너무 늦었다는 느낌에 포기한 적이 있는가? 신체 활동과 관련해 듣기만 해도 눈이 반짝 떠지는 분야가 있지만 이미 45세 또는 52세 또는 65세 혹은 73세라 망설여지는가?

아마도 단 하나의 사례를 모범으로 받아들이는 사고방식이 익숙하지 않아 불편할 수는 있다. 그런 경우라면 나는 기꺼이 더 많은 사례를 덧붙이겠다. 혹시 인터넷에서 70세의 보디빌더 샘 '소니' 브라이언트˙나, 83세에도 트라이애슬론(철인 3종 경기)에 출전하는

• 샘 브라이언트 주니어(Sam Bryant Jr.: 1943년~): 미국 보디빌더. '소니(Sonny)'
  는 그의 애칭이다.

'마돈나' 뷰더*의 사진을 보았는가? 소니는 44세에 보디빌딩을 시작했다. 수녀인 뷰더는 55세에 처음으로 트라이애슬론에 출전해 완주했다.

이미 70세가 넘었다고? 그럼 당신을 위해서는 존 로*를 소개하겠다. 연극 무대 감독으로 은퇴한 그는 80세의 나이에 발레에 흥미를 느껴 입문했다. 그는 88세에 첫 역할을 맡았으며, 95세인 오늘날에도 여전히 발레 수업을 받는다.

더욱 인상적인 사례는 전직 치과의사인 찰스 어그스터 박사*다. 그는 나이를 먹어갈수록 자신의 근육이 줄어들고 있음을 발견했다. 그래서 그는 85세에 근육 운동을 시작했으며, 94세가 되었을 때는 여러 차례 우승한 보디빌더로 화려한 경력을 자랑했다. 어떤 기자는 그가 '많은 25세 청년들이 부러워하는 이두박근'을 가졌다고 썼다.

90세에는 더는 아무것도 할 수 없다고? 믿지 못하겠지만 이 연령대에도 놀라운 사례는 많기만 하다. 몇 달 전 어떤 헬스클럽의 여성 헬스 코치는 91세의 남성이 찾아와 트레이닝 등록을 했다고 나에게 말해주었다. 나중에 그녀는 클럽의 행정실로부터 혹시 등록할 때 회원 나이를 잘못 기입한 게 아니냐는 문의를 받았다. 측정된 자

• 마리 도로시 뷰더(Marie Dorothy Buder: 1930년~): 미국 수녀이자 트라이애슬론 선수. 1953년에 수녀가 되면서 '마돈나'라는 이름을 얻었다. 2014년 미국 트라이애슬론 협회의 선정으로 명예의 전당에 올랐다.

• 존 로(John Lowe:1919~): 영국 발레 댄서.

• 찰스 어그스터 박사(Dr. Charles Eugster: 1919~2017): 영국 태생으로 스위스에서 활동한 치과의사.

료는 분명 '19세의 것'이 분명하다며…….

앞으로 다루게 될 힐다 켐프는 100회 생일을 고작 3년 앞둔 시점에서 체조 강좌에 등록했다.

그래도 여전히 운동을 하기에는 너무 늦었다는 생각을 떨칠 수 없는가?

우리 몸은 고령에도 얼마든지 건강할 수 있다

'몸의 생물학적인 노화'라는 주제를 놓고 우리가 다툼을 벌이는 일은 거의 없다. 나이가 들면 몸의 기능을 잃어가는 것이 '자연적'이라는 점에 이견을 보이는 사람은 없기 때문이다.

정말 그럴까? 100% 맞는 말인가? 답은 분명하다. 아니다.

'18세 소녀의 심장과 허파'를 가진 훌다 크룩스는 드물게 보는 예외가 아니다. 육상으로 많은 금메달을 딴 83세의 루트 앙겔리스 Ruth Angelis를 진단한 의사는 '40세 여성의 신체'를 가졌다고 말했다. 운동을 매우 즐기는 86세의 프리드리히 팀Friedrich Thimm은 경비행기 '세스나'의 조종 면허에 도전했다. 신체검사를 담당한 의사는 입이 떡 벌어지고 말았다. "이 노신사는 50세 남자가 따라올 수 없는 건강을 자랑합니다!" 수마트라 출신으로 104세의 펜착실랏*여성 챔피언 이니아크 우피아크 팔라티앙Inyiak Upiak Palatiang의 신

• 펜착실랏(Pencak Silat): 인도네시아와 말레이시아 등 동남아시아의 전통 실전 무술.

체 반응 속도는 30세의 그것이라고 한다.

앞서 언급한 인물들보다 운동을 덜 하는 사람의 몸은 물론 이 인물들만큼 건강하지는 않다. 그러나 늙으면 반드시 병에 시달리는 것은 분명 아니다. 영국 웨일스 출신인 102세의 여성 코니 브라운 Connie Brown은 운동과는 거리가 먼 삶을 살았다. 그녀는 오로지 평생 일만 하며 살았다. 102세의 나이에도 자신의 '스낵바'에서 고객에게 '피시앤드칩스Fish & Chips'를 포장해준다. 코니 브라운은 평생 병을 앓은 적이 없으며, 마지막까지도 건강한 삶을 누렸다.

이 사례들의 핵심은 분명하다. 우리 몸이 나이를 먹었다는 이유만으로 무기력해지고 쇠약해진다는 것은 부동의 법칙이 아니다. 노화가 만병의 근원이라는 일반적 통념은 단적으로 틀렸다.

심지어 과학조차 이른바 '노화 현상'이 언제부터 우리 몸에 나타나는지 정확히 정의하지 못한다. 과학의 정의는 대개 이런 식이다. 세월이 흐르면서 우리 몸을 이루는 기초 생명 물질이 우연한 손상을 입어 생겨나는 것이 노화다. 그러나 생명체의 자기 회복 기능이 언제부터 이런 손상을 감당하지 못하는지 과학은 말해줄 수 없다.

분명 크룩스, 팀, 어그스터 또는 브라운 같은 사람들은 이 자기 회복 기능이 다른 사람보다 더 오래 갈 수 있게 만드는 데(또는 이런 기능을 되살려내는 데) 성공했다. 간단하게 말하자. 우리에게도 기회는 틀림없이 있다.

이런 확인은 무엇을 뜻할까? 단 하나의 문장으로 요약하자. 나이를 먹으면 '언제나 자동으로 몸이 쇠약해진다.'라는 믿음은 착각이다. 버리자!

찰스 어그스터 박사는 인터뷰에서 핵심을 명료하게 정리했다. "노년과 질병을 두고 흔히 하는 생각이야말로 말이 되지 않는다." 노년의 건강을 '비정상적인 것'으로 보는 우리의 생각이 틀렸다는 말이다. '비정상적인 것'은 오로지 건강한 늙은 사람이 왜 그처럼 적은가 하는 물음이라고 어그스터는 덧붙였다. 근육은 어떤 연령대에도 얼마든지 키울 수 있다. 다만 지금껏 과학자가 노년의 스포츠에 거의 관심을 가지지 않았을 뿐이다. 어그스터는 우리의 통념을 철저히 바꾸자고 제안한다. "나를 모범으로 보는 것은 말이 되지 않는 이야기다. 나는 평범한 사례가 되어야 한다."

어그스터 박사의 말에 나는 어떤 매우 묘한 만남을 떠올렸다. 나는 어떤 남자에게 『고령에 이르기까지 과감하게 인생을 즐기자』를 소개해주고 고령에도 정말 건강한 사람들이 제법 많다고 이야기해주었다. 남자의 반응은 나로 하여금 할 말을 잃게 만들었다. 그는 고령에도 건강한 사람들은 분명 '유전자 손상'이 그 원인일 거라며 짓궂은 표정을 지었다. 노년의 건강이 유전자가 손상된 탓이라니, 정말이지 어처구니가 없는 극단적 주장이다. 그러나 이 남자의 주장은 정확히 살펴보면 질병과 노년을 동의어로 보는 통념을 더 과장한 것에 지나지 않는다.

이런 통념을 깨기 위해 나는 홀다 크룩스의 예로 이 책을 시작하는 것이 아주 적절하다고 보았다. 인간은 누구나 나이를 먹어가며 건강의 '내리막길'을 걷는다는 것만큼 우리 안에 깊게 뿌리내린 통

넘은 따로 찾아볼 수 없기 때문이다.

이런 식으로 우리는 나이를 먹으면 더는 되는 일이 없다는 따위의 아주 많은 고정 관념을 가진다. 고정 관념은 우리가 어려서부터 주변으로부터 주입받은 것이다. 다시 말해서 듣고 읽고 다른 사람들이 말하는 것을 당연하게 받아들인 것이 고정 관념이다. 그 대표적인 것이 노년에는 망가짐, 특히 가장 빠르게 망가지는 몸 탓에 불편을 겪는다는 것이다.

대다수의 사람들은 누구나 나이를 먹으면 병에 시달리며, 누구나 피할 수 없이 그 어떤 아픔으로 괴로워한다는 고정 관념을 고집한다. 도무지 이해할 수 없는 고집이다.

누누이 설득해도 흔들리지 않는 고정 관념, 심지어 격하게 방어하려고 드는 고정 관념은 아예 일종의 미신이 되고 말았다. 나는 사람들과 대화를 나누며 늘 거듭 이런 미신을 확인한다. 긍정적 자세를 가진 사람들은 또래와 이 주제로 이야기를 나눌 때마다 같은 경험을 한다.

늙는다고 해서 반드시 병을 앓는 것은 아니라고 말해주면 상대방은 대개 무슨 말도 안 되는 소리를 하느냐며 주변에서 보았다는 '증거'를 주워섬긴다. 친척이나 지인 가운데 약을 먹어야만 하는 노인을 보았다거나, 병원 대기실이 노인들로 가득하다는 따위가 그런 증거다.

아무튼 이런 주장의 핵심은 60세가 넘으면 누구나 '뭔가 이상해지며' 약을 먹는다는 것이다. 분명히 말해두지만 누구나 그런 것은 절대 아니다. '누구나'라는 말은 주저하지 말고 지워버려야 한다. 15개의 의자가 있는 대기실이 '만원'이라고 해서 거기 있지 않은 사람까지 포함해 '누구나'라고 말하는 것은 허용될 수 없는 논리다. 친척과 지인 가운데 노인이 약을 먹는다고 해서 인간 전체가 그렇다고 하는 것이 말이 되는가.

우리는 주변과 다르게 생각하는 용기를 가져야 한다. 그리고 최선은 이런 생각을 실천하는 행동이다.

나이를 먹으면 건강이 나빠진다는 생각을 버리는 데 그치지 말고, 나이를 먹으면 건강이 더 좋아진다고 믿자! 지금 나이 탓으로 어떤 불편을 겪는다고 해도, 이런 불편함은 얼마든지 떨쳐버릴 수 있다.

심지어 젊은 시절보다 노년에 더 건강할 수 있다

젊은 시절보다 노년에 더 건강할 수 있다는 발상은 '자연적 쇠퇴'라는 통념을 더욱 결정적으로 반박한다. 젊은 시절보다 노년에 더 건강하다는 것을 비현실적인 이야기로 무시하고 이 장을 건너뛰지 않은 독자에게 축하를 보낸다! 고정 관념을 문제 삼을 줄 아는 마음가짐이야말로 건강한 노년을 누릴 필수 조건이다.

30대의 홀다 크룩스는 그녀를 다룬 기사에서 표현했듯, '폐기해야 할 난파선'이었다. 자신이 가진 건강 문제의 심각성을 깨달은 그녀는 강철과도 같은 규율로 이런 상태를 180도 바꿔놓았다.

유명한 작가 로타 볼랜더Lothar Boländer 역시 이런 변화를 몸소 보여준 인물이다. 그는 『1분 몸 체크Der 1-Minuten-KörperCheck』라는 자신의 책에서 변화 과정을 분명하고도 명료하게 묘사했다. 그는 48세에 '복부 비만에 무기력하고 완전히 소진된 느낌'으로 괴로웠다고 썼다. 당시 그는 운동을 전혀 하지 않았으며, 무척 병약했다. 허리 통증과 관절 문제가 갈수록 심각해진 탓에 그는 거의 몸을 움직이지 못할 지경이었다. 이제는 완전히 끝장이라고 느꼈다고 그는 당시를 술회했다. 자신이 50세를 넘길 수 있다고 믿지 않았다고 그는 썼다. 이대로는 도저히 안 되겠다고 생각한 그는 완전히 새로운 삶을 살기로 결심하고, 저 '1분 몸 체크'라는 방법을, 일단은 오로지 자기 자신을 위해 고안해냈다. 이때부터 로타 볼랜더는 전혀 다른 사람이 되었다. 그는 72세에 자신은 24년을 선물로 받았다고 감격했다. 74세에 그는 열 번째로 국가가 관장하는 공인 체력검증시험을 치러 금메달을 땄으며, 80세에는 행글라이딩을 즐겼다.

다시금 강조하건대 모든 것이 가능하다. 우리가 끊임없이 능력을 잃어가는 생명체라는 것은 법칙이 아니다. 널리 퍼졌으며 뿌리 깊은 이런 미신을 흔들 수만 있다면, 우리는 이런 사실만으로도 공로 훈장을 받아 마땅하다.

주변의 대다수 사람들이 믿는 것과는 좀 다른 생각이나 의견을 가지는 것은 이른바 '흐름을 거스르는 수영'과 마찬가지다. 힘들 뿐만 아니라, 홀로 버려진 것 같은 느낌으로 괴롭기도 한 것이 통념에 맞서 싸우는 일이다. 그러나 묵묵히 참고 견디며 고정 관념을 무너뜨릴 때 우리는 강력한 생명력의 원천에 이른다.

누가 아는가, 젊은 시절보다 노년에 더 건강한 삶을 누리는 행운의 주인공은 바로 이 책을 읽는 당신일 수 있다. 물론 노년의 건강한 삶이 행운에 좌우되는 문제는 아니다. 주의 깊게 자신의 인생을 설계하고 실천에 옮길 때 이런 건강한 삶이 약속된다. 통념에 사로잡혀 그저 체념하는 삶만 사는 다른 사람들에게 긍정적인 마음가짐으로 노력하면 이루지 못할 것이 없다고 말해줄 수 있는 것이야말로 우리가 맛볼 수 있는 최고의 행복이다.

그래도 여전히 긍정적 자세의 힘을 믿을 수 없다면, 지금까지 살펴본 예들이 그저 다른 사람의 유별난 기행일 뿐이라 하더라도, 이런 사례들을 기억해두는 자세는 꼭 필요하다. 언젠가 일상에서 이런 사례가 떠오르는 순간은 반드시 찾아온다. 어느 날 누군가 당신에게 '그 나이'에는 이런저런 건강상의 문제가 찾아올 거라고 말한다면, 그렇지 않은 사례를 아는 당신의 태도는 다를 수밖에 없다. 그럴 때 홀다 크룩스나 로타 볼랜더를 떠올리며 우리는 자신에게 이렇게 말하리라. "아니, 전혀 다를 수도 있어."

연습 1

나는 노년을 두고 어떤 그림을 그리는가?

아니다, 깊은 생각에 잠겨 나는 노년을 두고 어떤 그림을 그릴지 고민하라는 말이 아니다. 이 연습은 훨씬 더 간단하다.

5~10분 정도 홀로 조용하게, 주변의 방해를 받지 않을 순간을 찾아보자. 눈을 감고 지금 연령대보다 20년이 지난 시점을 떠올려보자. 45세라면 60대를, 59세라면 70대를 상상해보는 것이 이 연습이다.

그냥 자연스럽게 가장 먼저 어떤 그림이 떠오르는가? 그림이 그려지지 않는다면, 대략 15년 뒤의 연령대에 '어떤 느낌'이 드는가? 특정 단어나 개념이라도 좋다. 중요한 것은 당신 자신이 '60대, 70대, 80대 등등'을 무엇과 연관시키는가 하는 점이다.

그런 다음 연령대를 좀 더 높게 끌어올려보자. 60대 대신 70대, 70대 대신 80대 하는 식으로. 해당 연령대를 떠올리며 무슨 생각 또는 느낌이 드는가? 원한다면 지금 현재의 나이에 10년을 더해 상상해보는 것도 나쁘지 않다. 핵심은 연령대가 높아질 때 어떤 생각 또는 느낌이 드는가 하는 것이다.

각각의 연령대를 떠올릴 때 보는 것, 느끼는 것, 생각하는 것이 노년을 바라보는 관점의, 우리 안에 저장된 '출발점'이다. 긍정적인 측면이 주를 이룬다면 감사한 일이다. 이런 관점은 비록 대세가 아닌 소수파라 할지라도 인생의 모범이 되는 아방가르드다.

관점이 주로 부정적 색채를 띤다면, 대체 왜 그런지 잠시 생각을 정리해보는 태도가 필요하다. 아직 경험하지 않은 연령대를 부정적으로 바라보는 관점은 다른 누구 또는 어떤 무엇으로부터 '심어진 것'이다. 누구 혹은 무엇 때문에 이런 그림을 그리게 되었을까? 부모나 조부모를 보고서? 나이를 두고 주변에서 하는 말이나 읽은 것

때문에? 의사나 직장 동료가 말해준 것 때문에? 또는 그림처럼, 말하자면 어제보다 오늘 몸 상태가 좋지 않아서 이런 것이 계속 내리막길을 걷는 일반적인 조짐이라는 생각 때문에? 아무튼 노년을 두고 우리가 이러저러하게 이미 '아는 것' 때문에?

이 연습이 무슨 평가나 가치 측정을 하려는 것은 아니다. 중요한 점은 오로지 노년을 부정적으로 바라보는 관점이 어떤 경우든 외부로부터 심어진 것, 남에게서 받아들인 것, 요컨대 허상이라는 점을 의식하는 일이다.

대단히 탁월한 과학자 또는 걸출한 노인의학 전문가라 할지라도 오늘날 특정 대상을 두고 60대, 70대 또는 80대에 이런저런 '노화 증상'이 나타날 것이라고 확언할 수 없다. 그런 말은 누구도 할 수 없다. "70대 노인의 80%가 이런저런 질병에 시달린다." 또는 "80대를 넘긴 사람들의 25%는 돌봄이 필요하다." 이런 식의 통계가 나왔다고 해서 우리 자신이 그 80%나 25%에 속하리라고 누구도 말할 수 없다.

그리고 어떤 경우에도 부정할 수 없는 긍정적 사실은 이렇다. 노년에 건강한 생활을 할 수 있도록 우리 자신은 얼마든지 노력할 수 있다.

연습 2
아, 늙는구나!
이 말이 어째 익숙하지 않은가? 틀림없이 우리는 이 말을 숱하게 듣거나, 심지어 스스로 해왔다. 대개 이 말은 어딘가 아프거나, '예전에는' 잘하던 어떤 일이 마음대로 되지 않을 때 탄식처럼 터져 나온다. '그렇지, 늙는 거야 어쩔 수 없지!' 당신도 이렇게 생각하는 가? 그러나 정말 그럴까? 나는 앞 장에서 이미 상세히 다룬 고정관념이 다르게 표현된 것이 이 말이라고 생각한다.

독자 여러분이 직접 비교해보자. 20대에 아침 잠자리에서 깨어나 어깨가 아프면 가장 먼저 드는 생각은 이렇다. '내가 어제 뭘 했기에 어깨가 아프지?' 그럼 당장 어제 지하실로 실어 나른 육중한 상자가 기억난다. 그러나 40대 혹은 50대의 사람이 아침에 깨어나며 어깨가 아프다면 무슨 생각부터 할까? 정확하다. '아, 늙는구나.'

바꿔 말하자면 우리는 특정 연령대부터 몸이 노쇠해진다는 성급한 확신에 사로잡힌 나머지 조그만 변화도 나이 탓으로 돌리며 혹시 문제에 다른 원인이 있는 것은 아닌지 따져보기를 지레 포기한다.

나는 게오르크 크리스토프 리히텐베르크*의 말에 전적으로 동감한다. ― "늙는구나 하고 늘 근심하는 것보다 더 빠르게 우리를 늙게 만드는 것은 없다." 이 말이 뜻하는 바를 정확하게 이해하자. '늙는다'라는 의식은 그 자체만으로 볼 때 문제가 아니다. 문제가 되는 것은 우리가 이 늙어감과 결부시키는 것이다. 리히텐베르크의 말에

• 게오르크 크리스토프 리히텐베르크(Georg Christoph Lichtenberg: 1742~1799): 독일 최초의 실험물리학자이자 풍자 작가. 독일어권에서 아포리즘 문학을 개척한 선구자로 평가받는 인물이다.

한마디만 첨언해보면 이런 사정이 분명하게 드러난다. ― "늙는구나 하고 늘 근심하는 '부정적 태도'보다 더 빠르게 우리를 늙게 만드는 것은 없다." 결국 핵심은 늙어감이 아니라, 이와 결부된 '쇠약해짐'이라는 부정적 연상이다.

바로 그런 이유로 나는 다음과 같은 연습을 제안하고자 한다. 한 달 동안 '내가 늙느라 그런가 봐.' 하고 느끼는 상황을 기록해보자(당신이 그런 생각을 얼마나 자주 하느냐에 따라 한 달이라는 시간 단위는 좀 더 짧거나 길어질 수도 있다).

정해진 관찰 기간이 지나면 적절한 때를 골라 각각의 상황을 더 깊이 있게 음미해보자. 정말 다른 이유는 없었을까? 자동차 운전을 하면서 충분히 빠르게 반응하지 못했나? 이것이 늙어감으로만 설명될까? 그저 피곤했거나 잠깐 다른 생각에 빠졌던 것은 아닌가? 장을 본 물건이 가득 담긴 봉투를 들고 계단을 오르며 숨을 헐떡였는가? 나이 때문이 아니라, 그동안 운동을 너무 소홀히 한 것은 아닐까? 많은 경우에서 다른 가능한 원인이 발견되지 않는다면 그거야말로 놀랄 일이다.

다른 원인이 발견되었다면 다음 행보는 당연히 대책을 마련하는 것이어야 한다. '경고의 징후'가 어느 날 돌이킬 수 없는 손상을 일으켜 노년에 먹구름을 드리우는 최악의 경우는 반드시 막아야 한다.

당신이라면 홀다 크룩스를 다룬 이 장에서
어떤 개인적인 교훈을 이끌어낼까?

아래에 마련해둔 공간은 이 장을 읽으며 당신의 머릿속에 떠오른 생각
을 메모해두는 곳이다. 홀다 크룩스에게 개인적으로 어떤 영감을 받았
는가? 특히 흥미로웠거나 메모해둘 가치가 있는 것으로 어떤 것을 발견
했는가?

　이 자리에 해두는 개인적 메모는 특히 앞의 연습을 아직 하지 않았거
나 대충 훑어보기만 한 사람에게 중요하다. 나중에 연습을 하며 이 메
모를 참조하면 큰 도움이 될 것이다. 연습을 해본 독자는 이 메모를 한
편으로는 영감을 주는 다른 사람의 사례와, 다른 한편으로는 자신의 개
인적 성과와 비교해볼 수 있다.

◇ 이 장에서 살핀 사례는 나에게 개인적으로 무엇을 말해주었나?

◇ 나는 구체적으로 어떤 대책을 세울까?

'병을 앓으면 어쩌지 하는 생각'에
사로잡히지 말자

"병이 어쩌고 하는 이야기는 너무 많이 하지 말아요!"
헤르만 퓐더 박사, 90세

헤르만 퓐더Hermann Pünder 박사는 해발 고도 4,000미터 정상을 오르지도 않았으며 다른 운동에도 특출한 점은 없지만, 홀다 크룩스와 잘 어울린다. 그렇지만 잠깐, 물론 퓐더 박사도 스포츠 활동으로 주목을 끌기는 했다. 그는 60세에 골프를 즐기기 시작했다. 사람들이 흔히 생각하는 것과 다르게 오늘날 골프는 '노신사 스포츠'가 아니다. 퓐더 박사는 30~40대의 사람들이 주로 즐기는 스포츠가 골프라고 말한다. 자신의 연령대가 골프장에 나타나면 주변에서 온통 쑥덕거린다는 것이 퓐더 박사의 증언이다. 60대의 스포츠 활동을 두고 쑥덕거리는 분위기가 놀랍기는 하지만, 이 장에서 다룰 문제는 골프가 아니다.

은퇴한 안과의사인 퓐더 박사가 우리의 흥미를 끄는 점은 전혀 다른 것, 곧 질병을 대하는 그의 태도다. 그는 사람들이 병을 두고 너무 많은 이야기를 한다고 생각한다. "내 또래는 아무튼 끊임없이 병 이야기만 합니다. 심지어 다른 사람이 전화를 걸어와 자신이 병을 앓고 있다고 하면 무척 좋아하는 사람도 있더군요. 그런 사람은 병 이야기에 아낌없이 동정심을 베풉니다. 그러나 긍정적인 이야기는 들으려 하지 않아요."

이 현상을 바라보는 퓐더 박사의 관점은 긍정적 사고를 자랑하는 사람의 관점이다. 그는 무엇보다도 주변이나 사회에서 병을 두고 너무 많이 생각하며 이야기하는 것을 바꾸고자 한다. 병을 두고 끊임없이 말하는 태도는 인간을 자기중심적으로 만든다는 것이 퓐더 박사의 의견이다. 자기중심적인 사람은 세상이 오로지 자신의 병에만 관심을 가져주기를 바란다. 이로써 인생의 아름다움을 가려볼 줄 아는 안목은 사라진다.

인생을 적극적으로 살며, 매일을 새로운 날로 기쁘게 맞이하는 태도는 병을 다르게 볼 때에야 생겨난다. 헤르만 퓐더 박사는 자신이 병에 걸려본 일이 없어서 이런 태도를 가진 것이 아니다. 퓐더 박사와 그의 아내는 결코 사소하다고 할 수 없는 몇 가지 병력을 치러냈다. 바로 그런 이유로 그의 흔들림 없는 신조는 불평하지 말고, 뒤를 돌아보지 말며, 인생을 긍정적으로 보자는 것이다.

낙관주의와 비관주의의 차이는 바로 젊게 사느냐와 늙게 사느냐의 차이라고도 그는 말한다. "차이를 만드는 것은 생각이죠. 젊은 사람은 부정적으로 생각하는 일이 드뭅니다. 바로 그런 이유로 과감한 도전도 많이 하죠. 만약 내가 80세가 넘어 사흘 동안 150킬로미터를 자전거로 주파하고 싶다면, 먼저 어떤 위험이 있을지 모든 가능성을 고민하죠. 그래서 결국 포기합니다. 늘 곧장 부정적인 모든 것을 생각하지 말아야 합니다. 오히려 일상에서 긍정적인 생각을 실천하는 자세가 중요하죠."

헤르만 퓐더 박사는 90세에 실제로 자전거를 타다가 넘어져 인대가 끊어지는 부상을 당해 몇 차례나 수술을 받아야만 했다. 그때 그가 뭐라고 했냐고? "뭐 그보다 더한 일도 겪어서 괜찮아요. 나는 앞으로도 낙관적일 거예요." 헤르만 퓐더, 그는 참 일관성 있는 사람이다.

헤르만 퓐더 박사는 우리에게 어떤 영감을 주나?

"병이 들어설 여지를 주지 말자."라는 것이 헤르만 퓐더가 보내는 메시지의 핵심이다.

더 나아가 그의 사례는 긍정적인 자세를 가지는 동시에 부정적인 것에 영향을 받지 않으려는 태도가 적절하게 조화를 이루고 있음을 보여준다. 우리의 인생이 나 홀로 사는 것이 아니라, 다른 사람들에게 끊임없이 영향을 받는다는 점에서 이런 조화는 매우 중요하다.

병이 들어설 여지를 주지 말자

병 이야기, 누가 그걸 모르랴. 나이를 먹을수록 이런 이야기를 하는 시간도 늘어만 간다. 대체 무엇이 노년의 사람들로 하여금 끊임없이 병 이야기를 하게 만들까? 헤르만 퓐더는 거의 철학적인 설명을 제시한다. '불편한 상태의 원인을 찾으려는 인과관계 욕구'가 그 원인이라는 설명이다. 또 아마도 외로워서 그럴 거라고도 그는 덧붙인다. 적어도 외로움은 병을 두고 이러쿵저러쿵 대화를 나누는 게 늘어나는 이유를 설명해준다.

나는 개인적으로 세 번째 원인도 있지 않을까 생각한다. 그것은 곧 강한 문제 중심적 정신 자세다. 특히 독일 사람들은 어떤 문제든 그냥 지나가는 법을 모른다. 국제적으로 활동하는 컨설턴트, 그래서 많은 국가와 문화를 아는 나는 이런 추론이 틀리지 않다고 본다. 나는 특히 유럽 중부의 국가들에 병을 두고 이야기하는 것을 키우는 분위기가 있다고 본다.

이제 아마도 누군가 이렇게 반문하리라. "병 이야기를 하는 것이 뭐가 그리 나쁘죠? 정확히 병이라는 문제를 가졌기 때문에 병 이야기를 하는 거 아닌가요?" 답은 간단하다. 병 이야기를 너무 많이 하는 것은 빠른 회복에 도움이 되지 않기 때문이다. 또 헤르만 퓐더 박사가 말하듯, 병 이야기는 인생의 아름다움을 가려볼 줄 아는 안목을 흐려버린다.

너무 자주 병에 걸리거나 만성 질환에 시달린다면, 아마도 눈치 채지 못하는 사이에 퓐더 박사가 묘사한 상황이 실제 벌어질 수 있다. 모든 일을 자기중심적으로 보면서 세상이 자신의 병을 알아야만 한다는 강박 관념은 실제로 무서운 위력을 발휘한다. 나는 독자 여러분이 이런 강박 관념을 원한다고는 상상이 되지 않는다. 또 행복한 노년과 건강한 장수에도 병 이야기는 전혀 도움을 주지 못한다.

실제로 내가 『고령에 이르기까지 과감하게 인생을 즐기자』를 쓰기 위해 취재하는 과정에서 만난 남성과 여성은 일, 앞으로의 계획, 꿈, 열정 등 모든 가능한 이야기를 허심탄회하게 털어놓으면서도 병 이야기만큼은 하지 않았다. 하더라도 인생사 가운데 하나로 잠깐 언급하거나, 내가 관련 질문을 했을 때 답변한 정도였을 뿐 이들은 병 이야기를 결코 장황하게 하지 않았다. 관절염과 싸우고 당뇨병을 앓으면서도 그림 그리기를 즐기는 70세의 위르겐 쇤펠트Jürgen Schönfeld도, 황반변성이 심해져 판독기가 없이는 거의 아무것도 읽을 수 없는 91세의 빌헬름 지몬존Wilhelm Simonsohn도 자신의 병 이야기는 하지 않았다. 86세로 공식 자격증을 가진 도시 관광 가이드 엘리자베트 힌트라거Elisabeth Hintrager 역시 객관적으로 볼 때 상당한 병력을 가졌으면서도 병 이야기를 오래 끄는 법이 없었다. 80세의 발명가이자 자영업자인 크리스티안 그룰Christian Gruhl은 자신의 두 다리가 부러졌던 일조차 지나가는 일처럼 언급했을 뿐이다. 자신의 집을 보수하는 공사를 하던 중 그는 3층 높이에서 떨어졌다. 거의 8미터에 이르는 자유 낙하의 후유증은 여전히 심각했지만, 그는 이 부상을 두고 전혀 고민하지 않았다.

사람들은 이런 태도를 두고 흔히 병을 '애써 잊으려 한다'거나, 건강을 '소홀히 다룬다'고 평가한다. 그러나 이미 치료와 관련해 최선을 다하고 난 다음, 계속해서 병 이야기를 하는 것이 무슨 도움을 주는가? 오히려 건강이 회복되는 것을 두고 이야기하는 것이 훨씬 더 좋지 않을까?

묘하게도 건강을 회복해주는 일을 책임지는 의사조차 우리에게 긍정적인 힘을 북돋워주려는 노력을 하지 않는다. 책임감을 의식하는 탓에 의사는 되도록 우리의 활동을 제한하려는 경향을 보인다. "의사가 나에게 제발 좀 천천히 하라더군요." 67세의 어떤 페이스북 이용자가 최근에 올린 글이다. 사연인즉, 다시 운동을 시작하려는 자신을 의사가 말렸다는 내용이다. "내가 건강상 문제가 있다는 건 알아요. 몇 차례 큰 수술을 받았으니까요. 하지만 나는 의사에게 이렇게 말했습니다. '내가 죽는다면, 달리기나 등산이나 수영을 하다가 죽을 겁니다. 이런 운동은 내가 평생 해온 것이니까요. 나는 트라이애슬론 선수였어요.'"

부정적인 생각에 사로잡히지 말자

병이 들어설 여지를 주지 말아야 한다는 말은 좀 더 생각을 깊게 해봐야 할 차원의 말이다. 다시 말해서 병을 이야기하는 다른 사람의 태도에 영향을 받지 않도록 우리는 주의해야만 한다.

헤르만 퀸더의 예에서 보았듯, 또 우리 모두가 이미 알듯, 우리 주변에는 끊임없이 병 이야기를 하는 사람들이 꼭 있다. 그래서 드는 의문은 이런 사람들을 어떻게 다루어야 좋은가 하는 것이다. 그리고 이 의문은 두 가지 복합적 측면을 가진다. 이 사람들을 어떻게 다루어야 하는가와, 이들이 우리에게 행사하는 영향력을 어떻게 다루면 좋을까 하는 것이다.

병 이야기를 많이 하는 사람은 아마도 외로워서 그럴 거라고 헤르만 퓐더는 생각했다. 말하자면 관심과 애정을 베풀어달라는 호소가 그 이면에 깔린 메시지다.

퓐더 자신은 이 문제를 어떻게 다루었을까? 헤르만 퓐더는 병 이야기를 들먹이는 도움 요청에는 관여하지 않는 편이 좋다고 한다. 그는 이타주의자임에도 이 문제에서만큼은 단호하다. 인생에서 무엇이 중요하냐는 나의 물음에 그는 이렇게 답했다. "많이 베푸세요! 기쁨을 선물하는 것, 이것이 중요합니다." 아마도 바로 그런 이유로 그는 의사가 된 모양이다. '베풂'은 언제 어디서나 할 수 있는 것이라며 그는 좀 더 정확히 풀어 설명한다. "장을 보거나 미용실에 가거나 스포츠를 하거나 교회에 가서 사람들과 이야기를 나누고, 도움이 필요한 사람에게는 아낌없이 베푸는 자세가 중요합니다. 저는 젊은 시절에도 그랬으며, 나중에 나이를 먹어서는 목사님과 함께 도움이 필요한 가정을 찾아다녔습니다."

헤르만 퓐더는 더불어 사는 사람들에게 관심을 가지고 베풀어주는 일이 꼭 필요하다고 확신한다. 그럼에도 그는 병 이야기는 들어주려 하지 않는다. 그런 하소연을 들어주는 것이 실제로 아무 도움이 되지 않기 때문이다. 우리가 퓐더에게 배워야 할 점은 바로 이것이다. 다른 사람의 하소연에 맞장구를 치며 동정심을 가지고 안타까워하는 것은 실제로 아무런 도움을 주지 못한다.

오해를 피하기 위해 분명히 해두자면 동정심과 공감은 같은 것이 아니다. 동정심을 가지지 말라고 하는 것이 공감도 가지지 말라는 뜻은 아니다. 공감은 상대방을 온전한 인격체로 존중해주면서 문제가 가진 뿌리가 무엇인지 살피는 것이지, 하소연하는 증상에 흔들리는 것이 아니다. 반대로 동정심은 증상에 일일이 대꾸하는 것, 곧 '함께 아파하며 징징대는 것'이다.

두 번째 물음은 끊임없이 병 이야기를 늘어놓으며 하소연을 일삼는 사람이 우리에게 행사하는 영향력을 어떻게 다룰까 하는 것이다. 헤르만 핀더는 이런 하소연 자체에 말려들지 않는다. 우리도 이런 하소연을 허락해서는 안 된다.

병에만 초점을 맞추는 환경은, 우리가 무시한다고 하더라도, 무의식적으로 우리에게 영향을 미친다. 손쉽게 우리는 부정적 관점에 물들게 마련이다. 병 이야기를 떠벌리는 사람은 우리에게 부정적 관점을 '전염'시킨다. 양로원이나 요양원에서 일하는 직원과 노년이라는 주제를 두고 긍정적이고 낙관적인 논의를 벌이기 힘든 이유가 무엇인지 아는가? 그만큼 전염의 위험이 크기 때문이다. 직원들은 끊임없이 허약하고 무기력한 노년이라는 부정적 관점에 노출된다. 그래서 본인의 의지와 상관없이 결국 이런 부정적 관점에 사로잡힌다.

연습 3

우리는 얼마나 쉽게 '병 생각'에 영향을 받나?

이 연습은 남의 이야기에 쉽게 영향을 받는다고 따지거나 비난하려는 것이 아니다. 이 연습은 다만 반성의 기회를 제공하기 위해 마련된 것이다. 다음의 문항을 읽고 되도록 꾸밈없이 답하다 보면 독자 여러분은 큰 도움이 되는 것을 발견하리라.

모든 문항에서 생명을 위협하는 치명적 질병은 고려하지 않기로 하자.

- 때마침 독감이나 어떤 바이러스가 '유행한다면' 당신도 분명 걸릴 거라고 믿는가?
- 어떤 병에 걸렸다면 당신은 다른 사람들에게 무엇을 기대하는가? 그저 당신이 병에 걸렸다는 것을 다른 사람들이 아는 것만으로 충분한가, 아니면 자신의 병에 대해 '이야기하고 싶은 욕구'를 느끼는가?
- 병에 걸리면 치료를 받거나 약을 먹는 시점부터 당신은 다시 건강을 생각하는가, 아니면 계속 병 상태만 생각하는 것에서 벗어나지 못하는가?
- 건강해지는 데 약물의 역할이 얼마나 크다고 보는가? 건강은 100% 의학의 문제인가? 건강을 회복하는 데 당신 자신의 투자할 수 있는 '긍정적 에너지'는 얼마나 크다고 생각하는가?
- 당신이 병에 걸린 것이 다른 사람의 병원균 탓이라고 생각하는가, 아니면 그저 자신의 몸 상태가 좋지 않아 그렇게 되었다고 여기는가? 혹시 생활 환경 탓에, 이를테면 어려운 대인 관계, 적절하지 않은 주거지, 직장에 가지는 불만, 놓쳐버린 기회 등으로 당신이 병에 걸린다는 생각을 해보았는가?

- 자신의 병을 이야기하거나 불만을 털어놓는 사람을 만났을 때, 당신은 어떻게 반응하는가? 그저 들어주기만 하는가? 의식적으로든 무의식에서든 상대방이 병이나 불만에 더 몰두하도록 부추기는가? 혹은 당신 자신도 병 이야기를 하기 시작하는가?

문항들에 적절한 답을 찾았다면, 이제 어떻게 하면 자신의 태도를 긍정적으로 바꿀 수 있을까 생각해보자.

| 몇 가지 제안 |

이를테면 이런 식은 어떨까? 다음번에 감기가 유행하거든 단호하게 이렇게 말해보자. "나는 이번에는 감기에 걸리지 않을 거야." 이렇게 굳게 믿으려 노력하자. 그래도 감기가 걸리거든 다음에 또 감기가 유행할 때 다시 한 번 시도해보자. 세 번째, 네 번째 하는 식으로 계속 시도하다 보면 언젠가는 성공할 때가 반드시 찾아온다. 그럼 이 위대한 성공을 두고 마음껏 자축하자.

혹시 당신 자신이 병 이야기를 즐기는 성향이라면 이제부터 다른 사람들에게 병에 걸렸다는 이야기는 하되, 그 내용을 건강을 회복하기 위해 노력을 아끼지 않고 있다는 것으로 채우는 시도는 어떨까?

당신이 건강을 회복하는 데 약물에 지나치게 의존하는 성향이라면 혹시 생각이 건강에 직접적인 영향을 미친 적은 없는지 기억을 더듬어볼 것을 권한다. 전혀 예상하지 않았던 놀라운 소식을 들었거나 어떤 기적적인 일을 체험해, 아픔이 씻은 듯 사라지거나 감기가 뚝 떨어진 경험은 누구나 한 번쯤 해보지 않았을까?

건강과 질병을 그때그때 조합해가며 해당 시기에 자신이 자신의 인생을 어떻게 여겼는지, 만족스러웠는지 혹은 불만스러웠는지 과거로 거슬러 올라가보는 작은 시간 여행을 하다 보면 의외로 많은 것을 깨닫게 된다.

당신이라면 헤르만 푄더를 다룬 이 장에서
어떤 개인적인 교훈을 이끌어낼까?

아래에 마련해둔 공간은 이 장을 읽으며 당신의 머릿속에 떠오른 생각을 메모해두는 곳이다. 헤르만 푄더에게 개인적으로 어떤 영감을 받았는가? 특히 흥미로웠거나 메모해둘 만한 가치가 있는 것으로 어떤 것을 발견했는가?

◇ 이 장에서 살핀 사례는 나에게 개인적으로 무엇을 말해주었나?

◇ 나는 구체적으로 어떤 대책을 세울까?

어려움은
극복하라고 있는 것이다

"일어나서 한번 해봐!"
힐다 켐프, 98세

영국 사우샘프턴 출신의 힐다 켐프Hilda Kemp는 내가 이 책을 쓰던 시점에 102세가 되었다. 나는 힐다 켐프를 2010년, 곧 그녀가 98세일 때 처음으로 알았다. 홀다 크룩스가 의식적으로 긍정의 기운을 찾고, 헤르만 퓐더가 부정적인 것에 영향을 받지 않는 긍정적 힘의 조화를 추구했다면, 힐다 켐프는 적극적으로 음울한 부정의 기운과 맞서 싸운 여인이다.

내가 당시 98세의 나이에 체조 강좌에 참여하는 것이 참으로 놀랍다고 말을 걸자, 그녀는 세차게 머리를 흔들었다. "체조야 누구나 할 수 있어요!" 그녀의 대답이다. "강좌에는 휠체어를 탄 사람도 있어요. 의지만 가진다면 인간은 무엇이든 할 수 있어요!"

힐다 켐프는 노년이면 의지를 잃는다고 생각하는 사람들이 너무 많다고 힘주어 강조한다. 너무 많은 약, 너무 많은 보조 도구 따위로 의지를 잃게 만드는 환경이 안타깝다고도 했다. 젊었을 때 간호사로 일한 힐다 켐프는 자신이 무슨 말을 하는지 정확히 안다. "병원에서 지팡이를 짚거나 휠체어를 탄 노인을 보면, 나는 속으로 꼭 저런 보조 도구를 써야만 하나 의문이 들었어요. 흔히 할 수 없다고 생각하지만 일어서보면 얼마든지 되거든요." 그래서 힐다 쳄프는 "일어나서 한번 해봐!Get up and try!"를 자신의 좌우명으로 삼았다고 한다.

간호사를 그만둔 힐다 쳄프는 병원 안의 매점을 운영하는 것을 도왔다. 그곳에서 그녀는 아침 8시부터 오후 3시까지 꼬박 서서 일했다. 그냥 시간만 때웠겠지 하는 짐작은 착각이다. 힐다는 다른 사람들이 원하거나 기대하는 일을 알아서 하는 성격의 소유자다. 남에게 기대지 말자는 것이 그녀의 신조였으며, 힐다는 이런 신조를 강철처럼 지켰다. 그저 안락의자에 앉아 어두운 표정으로 넋두리만 늘어놓는 것은 참을 수가 없다고 그녀는 말했다. 우울하거든 이겨내라. 집 밖으로 나가라. 비가 내리고, 바깥이 어두우며, 궂은 날씨가 기분 나쁘다고? 바로 그럴 때 집 밖으로 나가 심호흡을 한 번 크게 하라. 강철과도 같은 의지는 이 아담한 몸집의 귀여운 그녀가 자랑하는 특징이다.

사실 그녀는 안락의자에 앉아 우울한 넋두리를 늘어놓을 충분한 이유를 가졌다. 인생은 그녀를 비단 장갑을 낀 손으로 맞아주지 않았기 때문이다. 그녀의 아버지는 일찌감치 자메이카로 떠나버렸다. 어머니는 47세의 나이로 암에 걸린 줄 믿고 자살했다. 힐다는 어머니가 가스 오븐을 열어놓은 채 쓰러져 있는 것을 발견했다. 힐다 자신이 낳았던 네 명의 자녀 가운데 두 명만 살아남았다. 아들은 60세에 심장마비로 쓰러졌다. 딸은 자살했다.

"나는 스스로 인생을 즐기려 노력했어요." 힐다는 '노력했어요'에 방점을 찍으며 이렇게 말했다. 그녀는 자신의 인생에 손수 기쁨을 심었다. 이것이 삶을 살아가는 그녀의 일관된 태도다. 힐다는 자신이 말한 것을 지키는 삶을 살았다.

별거 아닌 것 같지만 대단히 특별한 디테일은 그녀 집의 좁고 매우 가파른 계단이었다. 주방과 거실은 2층에 있었다. 그녀는 하루에도 몇 차례나 이 계단을 오르내렸다. 이런 환경은 고령의 여인에게 '전혀 맞지 않았다'. 그러나 힐다 켐프는 98세에도 노인을 배려한 주택을 필요로 하지 않았다. 오히려 그녀는 이런 상황조차 극복해내고 즐겁게 만들려 노력했다.

힐다 켐프는 우리에게 어떤 영감을 주나?

힐다 켐프의 사례는 단 하나의 단어로 요약될 수 있다. 그것은 곧 '의지'다. 삶의 어려움에 굴복하지 않고, 남의 신세를 지는 일이 없으며, 너무 일찍 보조 도구에 의존하지 않으려는 이 모든 노력은 의지에서 시작해 의지로 끝난다. 그리고 힐다의 의지는 온갖 난관과 장애와 제한에 맞서 싸우는 강인함을 자랑한다.

불평 없이 어려움을 극복하기

"나는 스스로 인생을 즐기려 노력했어요." 이것이 바로 행복한 노년의 비결이다. 우리는 이후의 장들에서 이 비결을 자주 만날 것이다.

인생에서 '어려움'은 짜증 나게 만드는 사소한 것에서부터 감당하기 힘든 큰 슬픔에 이르기까지 다양한 색채를 띤다. 아픔을 어떻게 소화하느냐는 삶의 의지는 물론이고 노년의 정신 건강에 중요한 역할을 하는 문제다. 아픔은 삶의 의지를 갉아먹는다. 어떤 사람은 빠르게 아픔을 이겨내고, 다른 사람은 힘겹게 소화하며, 또 다른 사람은 전혀 이겨내지 못한다. 힐다 켐프는 아주 큰 아픔까지 포함해 다양한 어려움을 극복해냈다. 이 책에서는 그녀가 겪은 아주 큰 아픔은 다루지 않을 생각이다. 이런 아픔까지 '연습'의 대상으로 삼는 일은 적절치 않다.

그러나 단순한 문제, 그럼에도 우리를 우울하게 만드는 문제, 이를테면 어두움, 추적추적 내리는 비, 불쾌함, 불편함 따위를 힐다가 어떻게 이겨냈는지 따라가보는 일은 의미가 있다.

어쨌거나 출발점은 필요하니까 가장 간단해 보이는 우중충한 날씨로 이야기의 물꼬를 터보자. 추적추적 내리는 비만큼 우리 기분을 확실하게 망가뜨리는 것이 또 있을까? 아니면 혹시 빗방울이 이마를 때리자마자 감격한 눈빛으로 하늘을 올려다보는 사람을 당신은 아는가? 아무려나 비가 기분을 쉽사리 망가뜨린다는 점을 보면 오히려 거꾸로 기분을 다르게 다스릴 방법을 우리는 배울 수 있다. 예를 들어 "나는 스스로 인생을 즐기려 노력했어요."라는 힐다의 신조는 밖에 비가 쏟아질 때 어떤 의미가 있을까? 우리가 품는 기대를 바꾸어보는 것도 하나의 방법이 아닐까? 햇살이 화창하기를 원했는데 비가 온다. 짙푸른 야외로 나가고 싶은데 집 안에 꼼짝도 못하고 앉아 있어야만 한다. 햇살을 원한 것은 과거고, 비는 현재다. 비는 원래 기대와는 다른 것을 참고 견디도록 강제한다. 그러나 이렇게도 말할 수 있지 않을까? 비는 원래 기대와는 다른 것을 하고 싶게끔 기회를 베풀었다. 이처럼 관점만 살짝 바꾸어도 큰 차이가 생겨난다. 바꿀 수 있는 것은 저 바깥의 현실이 아니라, 바로 우리 자신의 생각이다. 생각을 바꿈으로써 생겨나는 새로운 기회를 이용하는 것, 이것이 핵심이다.

분명 독자 여러분도 밖에서 놀던 아이가 비가 오기 시작할 때 어떤 모습을 보이는지 관찰해본 경험이 있으리라. 아이가 곧장 집으로 뛰어 들어와 지금껏 하던 놀이를 할 수 없게 되었다며 엄마에게 매달려 울던가? 오히려 아이는 그때까지 가지고 놀던 것을 그냥 버려두고 빗속에서 폴짝폴짝 뛰거나 물 고인 웅덩이에서 찰방찰방 뛰거나 두 손을 하늘로 뻗어 떨어지는 빗방울을 환영하지 않던가? 상황에 맞게 즐길 줄 아는 이런 자세야말로 우리가 회복해야만 하는 것이다.

두 명의 영국 저자 팀 드레이크Tim Drake와 크리스 미들턴Chris Middleton은 노년을 주제로 다룬 매우 뛰어난 책에서 주어진 상황에 적응할 줄 아는 이런 특성을 '적응형 내비게이션adaptive navigation'이라 불렀다. 상황에 맞추어 인생을 운행하는 방식이 '적응형 내비게이션'이다. 두 저자는 『당신은 생각하는 만큼 젊을 수 있다You Can Be as Young as You Think』라는 책에서 이렇게 썼다. "삶의 관습적인 방식은 무엇인가 계획하고 이 목표를 위해 직진하는 것이다. 이런 방식은 인생에 뭔가 끼어들지 않아야만 통한다."

'적응형 내비게이션'은 목표를 향해 나아가는 우리를 바람이 다른 곳으로 날려버리는 상황에 대비하는 자세를 뜻한다.

예상치 못했던 장애나 난관은 계획하지 않았던 곳, 원하지 않았던 곳으로 우리를 데려다 놓는다. 우리에게 주어진 선택지는 화를 내거나 새로운 상황에 맞추는 것 두 가지뿐이다. 화는 병을 만들며, 불평은 속을 헤집어놓는다. 화와 불평은 모두 우리를 빠르게 늙게 만든다.

어려움을 불평 없이 이겨내는 것, 이것은 좋은 노년과 마음의 젊음을 지킬 가장 탁월한 특효약이다. 우리는 음식물에 어떤 유해 물질이 들어 있는 것은 아닌지 노심초사하면서도, 화와 불평과 분노가 우리의 정신과 감정을 망가뜨리는 '유해 물질'이라는 점, 결국 몸을 망치는 독성 물질이라는 점은 까맣게 잊고 만다.

비는 물론 우스울 정도로 사소한 일상의 사례이기는 하지만, 이런 사소한 어려움을 이겨내지 못한다면, 어떻게 거대한 난관을 넘어설 수 있을까?

드레이크와 미들턴은, 상황에 적응하는 내비게이션은 빠른 반응과 결단과 수완, 무엇보다도 변화를 열린 마음으로 받아들일 줄 아는 자세를 요구한다고 썼다. 일상에서 마주치는 어려움을 이겨내기 위해 빠른 반응은 특히 중요하다. 빠르게 반응해야 화가 치미는 것을 막을 수 있기 때문이다. 화가 치미는 것은 한순간이기 때문에 이것을 막는 것은 쉬운 일이 아니다. 그러나 연습은 할 수 있다.

다음번에 비 때문에, 또는 자동차의 시동이 걸리지 않아서, 오븐 속의 케이크가 새까맣게 타버려서 화가 치밀거든 아주 빠르게 분위기 전환을 시도하자.

아마도 다음처럼 생각을 서로 연결해보면 도움이 되지 않을까. '지금 상황이 객관적으로 얼마나 나쁜가? – 이 화 때문에 하루를 망쳐도 좋은가? – 이 문제를 어떻게 처리할까? – 이 문제에서 나는 어떤 긍정적인 것을 얻을 수 있을까?'

보조 도구가 언제나 도움을 주는 것은 아니다

힐다 캠프는 불평과 어두운 생각이 우리의 의지를 약하게 만든다고 말한다. 동시에 그녀는 보조 도구 역시 이런 역효과를 낳는다고 강조한다. 너무 일찍 보조 도구에 의지하다 보면 결국 보조 도구에 의존할 수밖에 없으며, 의존은 의지를 약하게 만든다는 논리다.

이 논리는 곰곰이 따져볼 만한 가치가 있다. 이 논리에는 뭔가 역설적인 요소가 숨어 있기 때문이다. 이름에서부터 분명하듯 보조 도구란 우리를 도와 강하게 해주는 도움을 줄 용도로 고안된 것이다. 우리를 도와 강하게 해주어야 할 것이 오히려 우리를 약하게 만드는 상황은 어떻게 이해해야 좋을까?

이런 역설의 설명은 의외로 간단하다. 보조 도구 탓에 우리는 노력을 덜 하게 된다. 자신의 노력을 대체하는 모든 것은 말하자면 의지가 맡아서 해야 할 일을 어느 정도 덜어준다. 의지는 바로 그만큼 '마비된다'. 의지가 마비되어 더는 문제에 적극적으로 대처하지 않는다면, 이 문제는 지속적으로 우리 인생의 한 부분으로 따라다닐 것이다. 결국 어떤 보조 도구를 언제부터 쓸지 우리는 신중하게 결정해야만 한다.

나는 얼마 전 독일의 어느 휴양지를 찾은 적이 있다. 그곳에는 다수의 양로원과 '시니어 타운'이 들어서 있었다. 나의 눈길을 사로잡은 것은 많은 노인들이 바퀴 달린 지지대에 의존해 걷는 모습이었다. 그 가운데 몇 명은 분명 그런 보조 도구가 필요해 보였다. 하지만 다른 많은 노인을 보고 나는 힐다 켐프의 말을 떠올리며 꼭 저런 것을 써야만 할까 하는 의문을 지우기 힘들었다.

오해를 피하기 위해 먼저 몇 가지 분명히 해두자. 나는 보조 도구의 유용함을 원칙적으로 문제 삼을 생각은 없다. 정말 절박하게 필요해서 쓰는 사람에게 보조 도구는 틀림없이 의미가 있으며 유용하다. 내가 문제 삼고 싶은 것은 오로지, 힐다 켐프의 뜻에 비추어, 성급하게 보조 도구에 의지하는 것이다. 그러는 대신 스스로 어려움을 이겨낼 의지를 키우는 쪽이 훨씬 더 건강하지 않을까.

이로써 우리는 다시금 이 책의 핵심 주제로 되돌아온다. 우리가 노년을 두고 가지는 고정 관념과 이에 따르는 부작용은 보조 도구에서도 여실히 드러난다. "어차피 계단을 오르지 못할 거니까, 이 집은 얼마 가지 않아 파는 편이 좋을 거야." 친구가 이 말을 했을 때 나는 저절로 힐다 켐프 집의 좁고 가파른 계단을 떠올렸다. 내 친구 집의 계단은 좁지도, 가파르지도 않았다.

"늙으면 어차피 할 수 있는 게 많지 않아." 이 말은 우리가 자주 듣거나, 또는 심지어 우리 자신이 생각하거나 말하는 것이 아닐까? 이런 고정 관념 탓에 내가 잘 아는 어떤 지인은 50세를 조금 앞두고 이미 모든 것이 '노인에 맞게 설계된' 주택을 구입했다. 아마도 이 지인은 연금과 보험과 부동산 전문가의 합리적인 상담을 받고 이런 결정을 했으리라. 그 바탕에 깔린 생각은 노년에는 어차피 보조 도구가 있어야 몸의 이런저런 제약을 감당할 수 있으리라는 것이다. 그런데 나는 왜 이런 합리적인 생각을 두고 저 무리를 지어 자살하는 레밍이 떠올랐을까? 늙으면 어차피 생활이 힘들다는 고정 관념 탓에 많은 사람들은 머릿속에 놀라울 정도로 부풀려진 대책을 세우게 된다. 내 친구 중 한 명은 집을 지을 결심을 하고 계획을 세웠다. 그 친구는 나중에 늙어 휠체어를 탈 것에 대비해 이 집에 진입로를 따로 만들 생각을 했다. 늙어서 쓸 휠체어를 위한 대비! 나중에 자동적으로 이런저런 장애가 찾아올 것을 조금도 의심하지 않는 이런 놀라운 자기 길들이기라니! 나중을 위한 휠체어 진입로나, 이미 모든 것이 나의 미래 장애를 대비한 '노인 맞춤형 집'을 매일 보고 있노라면, 도대체 내 머릿속에 건강하고 활달한 노년이라는 생각이 들어설 공간이 남아 있기는 할까?

'미래의 허약함', '우리가 받아야 할 장기 요양', 이런 표현을 보면 이 책의 서두에서 언급했던 설문 조사, 즉 노년을 바라보는 독일인의 두려움을 다룬 설문 조사가 떠오른다. 나는 이 자리에서 『고령에 이르기까지 과감하게 인생을 즐기자』에서 자세히 다루었던 이야기를 반복하고 싶지는 않다. 다만 내가 지적하고 싶은 것은 통계 자료에 놀라 공포 분위기에 사로잡히는 태도는 이런 통계 수치도, 그 배경도 철저하게 따져보지 않은 무지의 소산이라는 점이다.

나는 또 우리 독일 국민이 어떤 문제 상황을 다루는 태도가 너무 경직되는 경향을 보인다고 생각한다. 물론 예방이야 당연히 해야 한다. 그러나 '예방'과 '예상(부정적 결과의 예상)' 사이의 경계는 머리카락 한 올보다도 가늘다. 심리학자들은 독일에서 요양이라는 주제를 두고 뜨거운 관심이 일면서 활발하게 이뤄지는 토론이 문제의식을 키우기는 하지만, 다른 한편으로 '주관적 상상으로 위험을 높이는 확률'도 높아지게 만든다고 경고한다. 이게 무슨 말인지 간단하게 한 문장으로 정리하자. 부정적인 생각은 실제로 부정적인 결과를 불러들일 문을 활짝 열어놓는다.

그러므로 우리는 부정적 생각을 잘 다스려야만 한다. 이런 다스림은 가까운 주변에 실제 '요양 사례'가 있는지, 또는 자신이 '미래의 장애'로 떠올리는 것이 무엇인지 자세히 살피는 일부터 시작해야 한다.

알게 모르게 강요되는 보조 도구

보조 도구는 피할 수 없거나 꼭 필요해서 쓰기도 하지만, 편리하다는 이유로도 남용되기도 한다. 또는 다른 사람의 설득에 넘어가는 경우도 적지 않다. 우리는 그만큼 어떤 결정을 내릴 때 주변의 강한 영향을 받는다. 거꾸로 우리 자신이 가까운 사람의 삶에 큰 영향력을 행사하기도 한다.

이로써 우리는 보조 도구와 관련해 무척 예민한 문제와 직면한다. 이 책에서 깊이 다룰 수는 없지만, 나는 독자 여러분이 가족 가운데 고령의 노인이 있다면 이 문제를 깊이 생각해볼 것을 권고한다.

노인은 흔히 무슨 일이든 스스로 해결하려는 의지를 보인다. 그러나 우리는 이런 의지를 말이 되지 않는 고집이라고 간주한다. "더는 할 수 없다니까요!", "이제는 안 되는 걸 모르세요?", "제발 그러지 말고 도움을 받으세요!" 가족 가운데 고령의 노인을 둔 사람은 이런 말이 무엇을 뜻하는지 알고도 남으리라! 그래도 노인이 거부하며 스스로 하겠다고 하면, 우리는 이런 의지를 '고집'이라고 해석한다.

좋은 뜻으로 도우려 하지만, 오히려 상대방의 자립하려는 의지를 꺾어버리는 일은 드물지 않게 일어난다. 정말이지 곰곰이 생각해봐야만 할 문제다. 물론 우리는 많은 경우 진심으로 아버지, 어머니, 할아버지 또는 할머니의 안녕을 걱정하기는 한다. 그러나 혹시 자신의 편리부터 생각하는 것은 아닐까? 낙상이라도 당하면 어쩌지? 아들이나 딸인 내가 혹시 수발을 들어야 하는 것은 아닌지 걱정이 이만저만이 아니다. 그리고 이런 식으로 우리는 보조 도구의 사용을 본격적으로 강요한다. 그러나 어떤 형태든 '보조'는 자립 능력을 갉아먹는다.

도움을 받지 않고 스스로 해결하려는 노인의 의지가 시간 부족

탓에 점차 보조 도구로 대체되면서 결국 지워지고 마는 일은 특히 요양원에서 잘 관찰할 수 있다. 노인이 음식을 스스로 천천히, 참으로 힘들게 먹는 것을 지켜보느니 먹여주는 것이 차라리 속 편하다. 화장실까지 동행해주며 아까운 시간을 허비하느니 차라리 '기저귀'를 채우는 편이 능률적이다. 갖가지 기능을 갖춘 전동 휠체어는 많은 손길을 절약해준다.

"볼 때마다 화가 치밉니다." 정기적으로 양로원을 방문하는 어떤 목사가 나에게 한 말이다. "여전히 잘 걷는 노인이 양로원에 들어온 지 얼마 지나지 않아 휠체어 신세를 지고 있더라고요." 이게 과연 온당한 일일까?

아마도 "일어나서 한번 해봐!" 하는 힐다 캠프의 구호는 노인 당사자뿐만 아니라, 약간 변형해서 양로원이나 요양원의 보호 인력에게도 적용해야 한다. "제발 스스로 하게 내버려두라!" 힘닿는 한까지 스스로 해결하려는 노력은 지켜봐주는 편이 좋다.

그러기 위해서 우리는 먼저 우리 자신의 태도와 요양 체계를 다시 생각해봐야만 한다. 노년을 바라보는 우리의 관점은 물론이고 노인을 대하는 우리의 태도는 시급히 개선되어야 한다.

평범한 보조 도구에서도 교훈을 얻자

휠체어, 바퀴 달린 지지대, 노년 맞춤형 주택 등 지금까지는 주요한 보조 도구만 이야기했다. 그러나 정확히 같은 이유로 우리의 자립적인 결정과 노력을 앗아가버리는 것을 조금도 생각하지 않고 쓰는 평범한 보조 도구도 많기만 하다.

독자 여러분은 작은 글씨로 인쇄된 것을 읽기가 어려운가? 그래서 곧장 돋보기부터 찾는가? 혹시 여성이라면 몇 살 때 첫 브래지어를 구입했는가? 돋보기와 브래지어는 우리가 거의 의식하지 못하는 '보조 도구'다. 그리고 둘 다 노년과 직접적인 관련이 있다. 노안과 축 처진 젖가슴이라는 단어가 이런 관련을 구체적으로 나타낸다.

작게 인쇄된 글씨를 읽기가 어려워지면 우리는 안과나 안경점을 찾아간다. 안과의사와 안경사는 당신의 생년월일을 힐끗 보고 문제의 원인을 분명하게 짚어낸다. 그 원인은 나이다. 70세에도 돋보기를 필요로 하지 않는다거나, 심지어 100세에도 안경 없이 읽을 수 있는 노인이 존재한다는 사실, 실제 그런 사례가 입증된 사실을 이들은 전혀 이야기하지 않는다. 또 안구 훈련과 같은 것이 있다는 이야기도 해주지 않는다. 몰라서든 아예 믿지 않아서든. 눈도 일종의 근육이지만 통상적인 '안과의학'은 이 근육 역시 훈련시킬 수 있다는 점을 전혀 믿지 않는다. 늙으면 반드시 안경을 써야만 한다는 이상한 논리가 워낙 정상적으로 받아들여지는 통에, 시력도 훈련하면 나아질 수 있다는 정상적인 논리는 궤변이 되고 말았다.

브래지어도 마찬가지다. 브래지어는 지극히 평범한 의류 가운데 하나로 변신했지만 정확히 보조 도구다. 그러나 오늘날 어떤 여성이 브래지어를 '보조 도구'라고 여길까? 그렇지만 신체의 특정 부위 근육이 해야 할 일을 덜어준다는 점에서 브래지어는 보조 도구다.

여성 의류를 취급하는 상점에 가면 점원은 틀림없이 브래지어를 꼭 착용해야 한다고 경고한다. 특히 15세 이상의 여성은 반드시 브래지어를 해야만 한다고 점원은 강조한다. "브래지어를 하지 않으면 가슴이 처져요." 논리적으로 들리는 말이다. 그러나 정반대의 논리도 있다는 사실을 아는가? 브래지어는 젖가슴의 자연적인 운동을 제한해 근육을 약하게 만든다고 의학자는 말한다. 바로 그런 이유로 젖가슴이 처지게 될 확률이 커진다고 의학자는 강조한다.

노년의 처진 젖가슴은 특정 연령대 이상의 모든 여성이 피할 수 없이 감당해야만 하는 운명처럼 보인다. 그러나 근육 훈련이 이 운명을 막아줄 수 있다는 점은 거의 알려지지 않았다.

시력이 떨어지는 노안도, 처진 젖가슴도 피할 수 없는 자연법칙은 아니다. 다만 우리는 누구나 보조 도구에 의존하는 나머지 이런 것을 자연법칙으로 받아들일 뿐이다.

안경이나 브래지어는 자신과 아무 관계가 없다고? 그러나 인간이 늘 필요로 하지 않으면서도 마찬가지로 자주 쓰는 지극히 평범한 '보조 도구'는 많기만 하다. 에스컬레이터, 승강기, 자동차는 아마 독자 여러분도 매일 쓰는 보조 도구일 것이다.

근본적으로 우리의 다리는 이곳에서 저곳으로 우리를 데려다주는 역할을 한다. 그렇지만 오늘날 우리는 이 기능을 기계, 바퀴 따위로 대체하는 것에 너무도 익숙해졌다. 단 한 층을 올라가려고 승강기를 타며, 담배 한 갑 사려고 자동차를 타는 경우도 있다. 언제 의식적으로 이런 보조 도구를 포기해도 좋은지 생각해보는 것이 건강한 몸과 활동적인 노년을 위한 노력이 아닐까.

연습 4

어려움을 다른 눈으로 보자

예상하지 못했던 추적추적 내리는 비와 같은 난처한 문제로 잠깐 돌아가보자. 이런 곤란하고 짜증스러운 일을 완전히 체계적으로 전혀 다른 관점에서 볼 수 있게 해주는 세 가지 간단한 연습이 있다. 이미 이런 다른 관점을 가진 독자라면 이 연습 부분은 간단하게 건너뛰어도 좋다.

| 다른 측면 |

마침 시간이 나고 또 이런 연습을 해볼 기분이 드는 한가한 순간에, 기억 속에서 뭔가 어긋나 속상했던 상황 다섯 가지를 골라보자. 골랐으면 당시의 상황을 두고 지금 생각할 때 뭔가 좋은 점이 있다면 그게 무엇일지 정리해보자. 자동차가 고장 나는 바람에 자전거를 타고 출근했는가? 때로는 자전거를 타고 도심을 가로지르는 것도 멋진 경험이 아닌가! 딸이 빵 사오는 것을 잊어버려 빵집에 직접 가야만 했다고? 산책으로 빵뿐만 아니라 건강도 챙겼으니 얼마나 좋은가! 당시 짜증스럽기만 했던 상황에서 좋은 것이 뭔지 찾아낼 수 없다면, 이 다섯 가지 상황을 메모해두고 '이제' 무엇을 좋은 쪽으로 생각할 수 있는지, 또는 심지어 나중에 볼 때 객관적으로 좋은 점이 무엇일 수 있는지 숙고해보자.

| **다른 관점** |

연습을 하면서 '지금 당장' 마음에 들지 않는 상황에 빠져버렸다고 상상해보자. 마음에 들지 않는 이 상황이 혹시 다른 사람들에게는 좋은 일일 수 있다면, 그것은 무엇일까? 가장 간단한 예는 벌써 몇 주째 애타게 기다려온 농부에게 비는 그야말로 단비라는 점이다. 또 다른 예는 이렇다. 벌써 주차장을 몇 바퀴나 돌며 주차할 자리를 찾고 있는데, 다른 차가 잽싸게 빈자리를 차지했다. 분통이 터지려는 순간, 그 자동차에서 젊은 엄마가 아기를 안고 내린다. 그 '빈자리'가 아니었더라면 아마도 엄마는 아기를 안고 한참 걸어야 했으리라.

　이런 식으로 마음에 들지 않기는 했지만 혹 다른 사람에게 보탬을 준 사례, 좀 덜 분명할지라도 그런 사례를 찾아보려 노력해보자. 일주일에 서너 개 정도 이런 사례를 찾아낼 수 있다면 훌륭한 연습이다.

| **다른 태도** |

이제 시야를 좀 더 넓혀보자. 가난한 나라와 극한의 생활 조건 아래서 살아가는 사람들이 우리보다 훨씬 더 큰 어려움, 고통, 곤궁을 어찌 견뎌내는지 하는 이야기를 들어보거나 혹시 몸소 체험한 적이 있는가? 출산을 열한 번이나 했음에도 단 한 명의 아이만 남은 아프

리카 여성이나, 정치 탄압을 받아 20년째 억울한 옥살이를 하는 남자, 홍수로 가진 것을 모두 잃어버린 방글라데시의 가족 등, 이 사람들은 이런 어려움을 겪으면서도 어떻게 긍정적이거나, 심지어 쾌활하게 지낼 수 있을까?

독자 여러분은 몇 분 정도 시간을 내서 이 문제를 집중적으로 생각해보기 바란다. 우리의 많은 '걱정'과 화가 그래도 조금은 줄어들지 않는가?

연습 5
인생에서 '제약'은 어느 정도 받아들여야 하나?

'늙으면 어차피 더는 못하는데 뭐.' 독자 여러분도 이런 생각에 사로잡힌 적이 있는가? 차분하게 기억을 더듬거나 내면에서 들려오는 소리에 귀를 기울여보는 일은 꼭 필요하다.

우리는 인생의 어떤 영역에 '늙으면 못하는데' 하는 딱지를 붙일까? 일? 스포츠? 섹스? 여행? 살림? 취미 활동? 무엇이 떠오르든 차분한 가운데 왜 나는 그것이 안 된다고 하는 것일까 생각해보자. 어쩌다 나는 이런 확신을 가지게 되었을까? 누가 이런 확신을 심어주었을까? 나는 무슨 이유로 그것이 안 될 거라고 하는 사람의 말을 믿을까?

그런 다음 사생활에서든 직장에서든 힐다 켐프처럼 미래를 긍정적으로 바라보는 사람이 있는지 찾아보자. 왜 나는 이 사람을 따르지 않고, 다른 사람의 의견에 동의할까? 미래를 긍정적으로 바라보는 사람은 비슷한 경우를 찾기 힘든 '유일한 존재'라서? 그러나 우리 자신도 '유일한 존재'가 아닌가?

연습 6
작은 제안 하나

안경과 브래지어 이야기에 흥미를 느낀 독자를 위해 나는 작은 제안을 하나 하고자 한다.

글을 읽으려 하지만 빠르고 간단하게 초점을 맞추지 못할 때 우리는 돋보기를 필요로 한다. 안경을 장만하려고 안경점을 찾아가기 전에 먼저 눈의 능력을 키우는 훈련을 하면 어떨까? 작게 인쇄된 글씨를 읽을 수 없다면 한동안 눈을 감고 눈의 긴장을 풀어주자. 그런 다음 다시 천천히 눈을 뜨고 긴장을 푼 눈길로 작게 인쇄된 글자를 다시 읽어보자. 훨씬 더 잘 읽을 수 있지 않은가? 가까운 곳에서 먼 곳으로, 먼 곳에서 가까운 곳으로 눈의 초점을 바꾸는 연습은 시력을 회복하는 데 큰 도움을 준다. 이처럼 눈의 능력을 키우면 돋보기는 필요하지 않다.

안구 훈련법은 대개 베이츠 박사*의 방법에 기초를 둔 것이다. 그

• 윌리엄 베이츠(William Bates: 1860~1931): 미국의 안과의사. 시력이 떨어지는 사람들을 위해 1919년에 발표한 책 『안경 없는 완벽한 시력(Perfect Sight Without Glasses)』에서 안구 훈련법을 소개한 인물이다.

렇지만 이 방법을 활용하는 시력 회복 강좌는 독일에 거의 없다. 아마도 우리의 통상적 의학이 이 방법을 달갑게 여기지 않거나, 우리가 안경을 훨씬 더 쉽고 간단한 해결책으로 여기는 통에 베이츠 박사의 훈련법이 환영을 받지 못하는 모양이다.

젖가슴 근육 훈련에 흥미를 느끼는 여성 독자는 최소한 집에서 만큼은 브래지어를 벗어버리고 근육이 자유롭게 활동할 숨통을 틔워주자. 물론 크기가 90D 이상이라면 브래지어를 하지 않고 트램펄린에서 펄쩍펄쩍 뛰었다가는 근육이 과도한 부담을 받는다. 하지만 우리의 똑똑한 몸은 차분한 방법으로도 얼마든지 근육을 훈련시킬 수 있다. 체조 핸드북을 보거나, 인터넷에서 찾아보면 젖가슴을 탄력 있게 유지하는 간단하고도 효과적인 방법은 얼마든지 있다. 이런 연습은 심지어 큰 수고와 비용을 들이지 않고도 일상에서 생활화할 수 있다. 이런 연습으로 20대의 탄력 넘치는 가슴은 얻지 못할지라도 어쨌거나 효과를 볼 수 있으며, 60세를 넘겨서도 축 처진 젖가슴이 되는 것은 아니라는 점을 우리는 확인할 수 있다.

당신이라면 힐다 켐프를 다룬 이 장에서
어떤 개인적인 교훈을 이끌어낼까?

아래에 마련해둔 공간은 이 장을 읽으며 당신의 머릿속에 떠오른 생각을 메모해두는 곳이다. 힐다 켐프에게 개인적으로 어떤 영감을 받았는가? 특히 흥미로웠거나 메모해둘 가치가 있는 것으로 어떤 것을 발견했는가?

◇ 이 장에서 살핀 사례는 나에게 개인적으로 무엇을 말해주었나?

_____

_____

_____

◇ 나는 구체적으로 어떤 대책을 세울까?

_____

_____

_____

사람들과의 만남
– 진정한 불로장생의 묘약

"저는 사람들을 만나는 것이 좋아요!"
필리스 셀프, 102세의 사업가

"저는 사람들을 상대하는 것이 정말 좋아요!" 필리스 셀프Phyllis Self
의 특징은 그녀가 항상 강조하는 바로 이 말이다.

필리스 셀프는 잉글랜드 남서부에서 가장 규모가 큰 '가든 센터'
의 소유주였다. 개방성과 호감이 빛을 발하는 이 친근한 할머니는
100세를 훌쩍 넘겼음에도 85세보다 더 늙어 보이지 않았다.

필리스 셀프는 102세를 넘겨서까지 자신의 기업에서 인사 책임
자로 일했다. 평범한 직원과 똑같이 일주일에 6일, 하루에 8시간을
근무했다. 그녀는 2013년에 105세로 작고했다. 그녀의 아들은 어
머니가 병에 걸려서가 아니라, 단지 '늙음' 탓에 작고했다고 말했다.

가족은 이 '가든 센터'를 1972년부터 경영해왔다. 필리스 셀프
는 센터 안을 돌아다니며 직원들과 대화를 나누는 것을 즐겼다.
직원 모두를 이름으로 불러주었다. 이 '가든 센터'에서 고용한 직
원은 200여 명이 훌쩍 넘는다는 점을 유념하자. 걷는 데 약간 문
제가 생기자 아들은 어머니에게 작은 카트를 구입해주었다. 넓은
센터를 카트에 타고 다니라는 배려였다. 그러나 필리스 셀프는 그래

도 두 발로 걷는 것을 좋아했다.

사람들과 만나기를 즐기는 것, 이것이 필리스 셀프의 단적인 특징이다. 그녀는 늘 일을 꾸리고 사람들을 상대하는 것이 좋았다고 말했다. 마치 자신의 소명처럼 느껴진다고도 했다.

필리스 셀프가 인생에서 가장 중시한 것은 가족이었다. 그럼에도 그녀는 늘 다른 사람과의 만남을 조직하고 실행에 옮겼다. 그저 가족의 할머니 역할만으로는 결코 만족할 수 없다고 했다. 이 점을 그녀는 거듭 강조했다. 자신이 누린 생동감 넘치는 장수의 비결은 다른 사람에게 가지는 바로 이런 관심이라고 필리스 셀프는 인터뷰를 할 때마다 힘주어 말했다.

필리스 셀프는 내가 만나본 최고령 인물 가운데 한 명이다. 혹시 정신 연령은 몇 살이라고 생각하느냐는 나의 물음에 그녀는 50세라고 대답했다. 인생을 오로지 자기중심으로만 생각하고 다른 사람들에게 더는 관심을 가지지 않을 때 사람은 비로소 늙은 것이라고 그녀는 말했다. 젊은이들이 어떻게 생각하는지 알아야 하며, 젊은이들의 의견을 인정해주어야 한다고도 그녀는 강조했다. 이것이 바로 젊음을 유지하는 비결이다.

필리스 셀프는 우리에게 어떤 영감을 주나?

그녀의 사례는 주변과 끊임없이 교류하는 '노년'이 어떻게 다른지 보여준다. 필리스 셀프는 우리 인생에서 다른 사람이 얼마나 중요한지 역설하는 웅변이다.

삶의 범위가 너무 좁아지지 않게 하자

다른 사람들과 꾸준한 교류를 나누는 것이 좋다는 점은 누구나 알지만, 실제 그렇게 실천하는 경우는 드물다. 무엇보다도 늙어갈수록 교류의 범위가 좁아진다. 이런 의미의 노화는 이미 25~30세에 시작된다. 가정을 꾸리고, 특정 분야에서 경력을 쌓기 시작하면서 만나는 사람의 범위가 좁아지기 때문이다. 가족을 감당하기도 힘들거니와 경력을 쌓는 일은 상당한 시간 투자를 요구하기 때문에 이 연령대의 '인생 범위'는 '이미 가진' 친구들로 좁혀지고 만다. 가정을 꾸린 사람들이 독신보다 새로운 친구를 사귀기 힘든 이유는 이것이다.

자녀가 성장한 40대와 50대 역시 직업의 스트레스나 경력상의 요구로 다른 만남을 위한 시간을 내기가 힘들다.

은퇴 생활이 시작되는 65세나 70세에는 이런 장애 요인들이 사라지면서 새로운 만남을 꾸릴 길이 열린다. 타고난 본성으로 삶의 활력이 넘치는 사람은 새로운 사람을 만나려 노력한다. 그러나 다른 사람들은 다시금 가족, 특히 자녀의 가족 문제로 좀체 시간을 내지 못한다. 손주 역시 할아버지와 할머니의 손길을 필요로 하기 때문이다. 차츰 외로움이 심해지는 80대나 90대의 마음의 문을 두드리면, 이들은 이미 다른 사람을 상대하고 교류하는 법을 잊고 말았다. 그래서 문득 아들 혹은 딸 외에 아무도 없는 상황이 찾아온다.

대단히 간단하게 추린, 또는 너무 과장된(제발 그렇기를 바란다!) 그림이다. 그러나 이 그림은 분명 우리의 일상을 반영한다. 요양을 맡은 사람에게 노인이 친교를 맺는 범위가 어느 정도인지, 또는 양로원에 입주한 노인이 다른 사람의 방문을 얼마나 받는지 물어보라. 그러면 교류가 적은 것이 실제 문제임을 쉽게 알 수 있다.

혹시 내 이야기가 아닐까 하고 느껴지는 독자라면 이때야말로 기회다. 사람들과 교류를 나누는 것이 무엇을 뜻하는지 깊이 생각해보고, 이런 교류 범위가 좁아지는 것을 막을 방법을 강구하자.

더불어 바로 이런 맥락에서 나는 독자 여러분에게 우리의 언어 사용을 반성해볼 것을 권한다. 잘 알지 못하는 사람을 보고 나이를 먹었다는 이유 하나만으로 '할아버지' 또는 '할머니'라 부르는 것은 분명히 잘못된 언어 사용이다.

우리 사회에서는 특정 연령대에 도달한 사람을 두고 할아버지 또는 할머니라 부르는 분명한 경향이 관찰된다. 가족적인 울림을 주며, 항상 부정적인 것은 아니라 하더라도(그러나 많은 경우 부정적 의미는 숨김없이 드러난다), 타인을 두고 할아버지 또는 할머니라 부르는 것은 잘못이다. 대단히 부적절한 언어 사용이다.

왜 돌연 이런 주제를 거론하느냐고? 이런 언어 사용은 나이 먹은 사람을 바라보는 우리의 관점을 고스란히 드러내기 때문이다. 한 인간의 존재는 특정 연령대부터 자립성을 잃고 돌연 가족과의 관계로만 정의된다. 다시 말해서 할아버지 또는 할머니로 싸잡아 부르는 것은 해당 인물의 개성을 빼앗는 일이다. 독자 여러분 자신이 이런 지경에까지 가고 싶지 않다면, 타인도 이런 의미에서 존중해주어야 한다.

가족의 의견이 항상 최선인 것은 아니다

아버지 또는 어머니가 특정 연령에 이르면서부터 자녀가 주도권을 잡고 부모의 생활에 간섭하는 현상도 안타깝기는 마찬가지다. 그럼에도 이런 현상은 갈수록 널리 퍼지며 더 심해지는 경향을 보인다. 아버지 또는 어머니가 고령일 필요도 없다. 이미 은퇴 연령대만 되어도 이런 현상은 시작된다. 걱정이나 안전하고자 하는 노력이 원인이기는 하지만, '창피함'과 아예 짜증 나는 상황을 예방하려는 자식의 욕구도 거든다. 아들 또는 딸은 부모의 일을 제멋대로 결정하는 권리 행사를 서슴지 않는다. 자식이 다른 사람과의 만남이나 지인과의 관계를 간섭하는 일도 심심찮게 벌어진다. 혹여 부모의 어느 한 쪽이 홀로 남아 새로운 파트너가 필요한 경우는 더 말할 것도 없다.

돌리 새빌^{Dolly Saville}은 가족의 이런 압력을 거부한 인물의 예다. 가족의 압력을 거부하고 독자적인 인생을 살려는 노력 덕분에 새빌은 100세의 나이에도 건강하고 쾌활하며 자유롭다. 돌리 새빌은 잉글랜드 남부의 어떤 소도시 출신이다. 그녀는 76세 때부터

'퍼브'*에서 서빙하는 일을 시작했으며, 100세에도 여전히 맥주는 물론이고 음식을 서빙한다.

가족은 오랫동안 "제발 체면 좀 차리자."라며 갖은 설득과 만류를 아끼지 않았지만, 새빌은 끄덕도 하지 않았다. 새빌은 자신의 직업을, 사람들을 사랑하는 덕분에 두뇌가 여전히 활발하며 자신이 건강하다고 말한다. 죽는 그날까지 이 일을 계속하겠다고 한다.

물론 그녀의 가족이 설득하는 데 성공했다면 오늘날 새빌의 상황이 어땠을까 추측해보는 것은 순전히 가설에 지나지 않으리라. 그러나 한 가지만큼은 분명하게 말할 수 있다. 돌리 새빌이 가족의 말을 듣지 않은 것은 정말 잘한 선택이었다.

노년의 우정이 가지는 의미

사람들과의 교류는 물론 매우 다양하다. 거리, 버스 또는 열차에서 낯선 사람과 아무 거리낌 없이 말을 주고받는 것부터 시작해, 여행이나 동호인 모임에서 사귀는 경우도 있고, 진정한 우정이나 심지어 배우자 관계에 이르기까지 만남에는 여러 종류가 있게 마련이다. 당연히 교류는 각 경우마다 성격이 다르다. 필리스 셀프와 돌리 새빌이 사람들과 나눈 교류는 아마도 그리 깊거나 개인적인 것은 아니었다. 그렇지만 매우 다양했고, 오랜 세월 동안 이런 관계가 이어

• 퍼브(pub): 술을 비롯한 여러 음료와 음식을 파는 대중적인 술집.

졌다. 이런 조건이 아니었다면 그런 교류는 만족스럽지 못했을 게 틀림없다. 이처럼 교류는 뭔가 함께 한다는 느낌이 따라주어야만 한다. 교류 가운데 가장 좋은 것은 물론 우정이지만, 그만큼 우정은 가꾸기가 힘들다.

유럽은 몇몇 지역만 제외하면 타인과의 만남이 별로 어렵지 않다. 그럼에도 우정을 나누는 일은 어렵기만 하다. 몇 년 전 이탈리아에서 이뤄진 연구에서는 60대 이상의 사람들의 친교가 매우 활발한 것으로 나타났다. 조사에 응한 남자들의 96%가 여러 명의 친구가 있다고 대답했다. 거의 절반에 가까운 사람들(45%)은 더 많은 친구를 사귀고 싶다고 했다. 같은 시기에 독일에서 50대 이상을 상대로 한 조사의 응답자 가운데 28%는 진짜 좋은 친구가 없어 아쉽다고 대답했다. 36%(1/3 이상이다!)의 사람들은 만나면 기분 좋게 느껴지는 상대가 없다고 불평했다.

10년 동안 70대 이상의 사람들을 기록한 데이터를 분석한 호주의 연구에서는 좋은 친구가 있는 사람이 그렇지 않은 사람에 비해 훨씬 더 장수한다는 사실이 밝혀졌다. 반대로 자녀와 친척과의 밀접한 교류는 수명 연장에 별 영향을 주지 않았다고 한다.

장수하고 싶거나 적어도 노년에 행복하기 원하는 사람이라면 '우정'이라는 주제를 진지하게 다루어야 한다. 최선은 매 5~10년마다 새로운 우정을 쌓거나 적어도 좋은 관계를 맺는 것이다. 아직 늦지 않은 독자가 이 문제에 집중한다면 아마도 그리 어려운 일은 아니지 않을까.

이미 늙은 경우에는 사정에 따라 새로운 친구를 사귀기가 어려울 수는 있다. 그래도 동년배하고만 만나야 한다는 고정 관념은 버리자! 젊은 세대와의 만남도 쑥스러워하지 말고 과감히 시도하자. 앞서 언급한 이탈리아의 연구는 응답자의 절반 이상이 다른 세대와 친교를 맺는다고 확인해주었다. 젊은 세대와의 만남이 간단하지는 않다 하더라도 공통의 관심사만 찾아내면 얼마든지 꾸려낼 수 있다. 주변에서 이러쿵저러쿵하는 말에 흔들릴 필요는 전혀 없다. '동년배'와 어울릴 때 가장 좋다는 생각은 오늘날 케케묵은 전설일 뿐이다.

사회학에서는 현대 사회에서 '동년배의 연대감'은 더는 존재하기 않는다고 강조한다. 젊은 세대도 늙은 세대도 나이는 그리 중시하지 않는다는 확인이다. 오늘날 동질감과 연대감은 같은 또는 비슷한 가치와 규범을 통해 생겨난다. 달리 표현해보자. 열정을 자랑하는 80세의 환경 운동가는 환경 문제에는 관심이 없는 동년배의 신사보다는 20대의 동지와 더 빠르게 우정을 쌓을 수 있다. 가치와 규범은 이처럼 결속력을 자랑한다. 또 젊은이처럼 생각하고, 젊은이의 견해를 인정해줄 줄 아는 능력도 꼭 필요하다고 필리스 셀프는 말한다. 아무튼 정치, 문화, 생태, 사회 혹은 스포츠 등 공통의 관심사를 가질 때 친교는 가장 잘 이루어진다.

어떤 경우든 친교의 범위를 넓히려는 노력은 중요하다. 노년의 좋은 우정은 많은 보험이나 유가증권보다 언젠가 더욱 소중할 수 있다.

친구 명단 만들기

일반적으로 우리는 따로 기록해두지 않아도 누구와 친한지 알게 마련이다. 그렇지만 이따금 친구와 관련한 생각들을 글로 적어보는 일은 그 나름대로 의미가 있다. 대략 30분 정도 조용한 시간을 갖자. 차분하게 앉아 친구라고 생각하는 사람들의 명단을 만들어보자. 가장 가까운 친구여야만 할 필요는 없다. 명단이 작성되었으면, 해당 인물마다 언제부터 교류를 맺어왔는지 적어보자.

명단이 어때 보이는가? 친구의 범위가 오랫동안 상대적으로 정체되었는가? 새로운 친구는 몇 명이나 생겼는가? 어려서부터 사귄 친구가 주를 이루는가? 최근에 새로 사귄 친구가 있는가? 원한다면 친구 이름마다 서로의 공통 관심사가 무엇인지 써보자. 특히 친하다고 생각하는 친구들을 중심으로 일종의 친구 지도를 만들어보는 것도 좋은 방법이다. 지도는 어떤 친구가 가까운지, 멀다고 느껴지는 친구는 누구인지 보여준다.

전체 목록을 차분하게 살피며 떠오르는 생각을 써보자. 지금 가진 우정이 얼마나 중요하다고 생각하는가? 친구를 위해 무엇을 할 수 있으며, 거꾸로 친구는 당신을 위해 무엇을 해줄 수 있을까? 최근에 새로 사귄 친구나 또는 적어도 좋은 지인 관계를 맺고 있는 사람이 있는가?

연습 8

나의 교류 잠재력

친구와 지인이 충분하다고 여기는 독자는 이 연습을 건너뛰어도 좋다. 아니라면 새로운 교류, 지인 관계 또는 우정을 위한 잠재력 측정을 위해 이 연습은 필요하다. 이 연습은 시간이 좀 걸린다. 원하는 독자는 두세 번에 나누어서 해볼 수 있다.

먼저 자신의 관심사부터 확인하자. 취미가 무엇인가? 무슨 일을 좋아하며, 어떤 일에 열정을 느끼는가? 언어 학습, 요리, 여행, 문학, 댄스 등 분야는 헤아릴 수 없을 정도로 많다. 아무튼 자신이 좋아하는 모든 일을 종이에 적어보자.

그런 다음 어떤 분야나 활동에 참여할 때 다른 사람과 만날 기회가 커지는지 생각해보자. 체력 단련, 강좌, 세미나, 동호회 활동, 행사?

어떤 일을 할 때 그저 잠깐 만나는 것을 넘어서서 지속적인 만남이 가능할까? 가장 전망이 좋으며, 또 자신이 실현할 수 있는 분야를 고르자.

이론적인 수준에만 머무르지 않기 위해 하나의 작은 사례를 보여주겠다. 독자 여러분이 여행과 동물 보호 운동은 물론이고 어학 강좌에도 관심을 가졌다고 가정해보자. 이 세 가지 관심사는 모두 사람과 만날 기회를 열어준다. 지인이나 단체와 함께 여행을 가는 것도, 다른 사람과 함께 동물 보호에 힘쓰는 것도, 어학 강좌를 듣는 것도 만남의 장이 아닌가. 다만 여행을 통해 지속적인 관계를 꾸릴 기회는 상대적으로 줄어든다. 여행을 통한 만남은 시기가 한정된 탓이다. 반면 어학 강좌는 다른 참가자를 최소 석 달 혹은 여섯 달 또는 그 이상 볼 수 있게 해주어 지속적 관계의 기회를 키운다. 가장 전망이 좋은 것은 동호회나 협회 회원으로 활동을 벌이는 동물 보호다.

연습 9
개방성

연습 7과 8이 별로 마음에 들지 않거나 어렵게 느껴진다면, 또 하나의 다른 방법이 있다. 이 방법은 사람과 손쉽게 사귈 수 있는 방법이긴 하지만 내성적인 사람에게는 마음을 여는 훈련이 필요하다. 스스럼없이 다가가 상대방에게 말을 거는 것을 두고 영어권에서는 '스몰 토크small talk'라 부른다.

아니, 잠깐! 서둘러 책장을 넘기려는 독자라면 내 말을 좀 더 들어보라. 독일 사람들이 '스몰 토크'를 그리 탐탁지 않게 여긴다는 것은 나도 잘 안다. 원하는 독자는 '비공식적 대화' 또는 '만남의 모색'이라고 바꿔 불러도 좋다.

프랑스나 영국과 같은 국가에서는 '스몰 토크'를 사회화를 연습하는 수단으로 인정한다. 심지어 이탈리아 사람들은 '스몰 토크'를 반드시 갖추어야 할 처세술의 하나로 여긴다. 그러나 독일 사람들은 '스몰 토크'를 다른 사람과 교류한다기보다는 "어떻게 해야 이 상황을 가장 잘 넘길까?" 하는 겸연쩍은 인사치레로 생각한다.

그러나 마음을 활짝 여는 진정한 '스몰 토크'는 타인과의 '만남'이 이뤄지는 아주 간편한 형식이다. 물론 '스몰 토크'에는 적절한 양념이 중요하다. 관심 한 스푼, 배려 두 스푼, 위험을 감당할 각오 약간이 그 양념이다. 위험은 말을 걸었는데 상대가 차갑게 반응하는 것이다. 그럼 그만일 뿐, 그 이상의 위험은 없다.

일단 다른 사람에게 '간단하게 말을 걸어보면' 이 '스몰 토크'가 얼마나 흥미로운지 쉽게 알 수 있다. 가볍게 나누는 대화는 다른 사람이 쌓아온 경험에 어떤 것이 있는지 매우 흥미진진한 탐색 여행이 될 수 있다. 또는 사람의 심리를 읽는 좋은 기회이기도 하다. 택시기사에게 물어보라. 택시기사는 '스몰 토크'의 대가다. 10년 동안 택시를 운전한 경험을 가진 기사는 심리학자보다 사람 마음을 훨씬 더 잘 헤아린다.

창피할 거 하나도 없다. 그냥 간단하게 시도해보자. 기회는 도처에 널렸다. 버스 정류장, 기차, 장보기, 또는 모든 종류의 대기실에서 옆자리의 사람과 나누는 대화는 삶의 윤활유다.

다음번에 대기실에서 기다릴 일이 있거든 가방을 옆자리에 놓아두었다가 자리를 찾는 다른 손님에게 미소를 지어 보이며 가방을 놓아두었던 자리를 권하자. 그럼 이기적이지 않은 사람이라는 인상을 심어줌과 동시에(가방으로 자리를 차지하고 모른 척하는 이기주의자는 요즘 정말 너무 많다), 상대방과 빠르게 대화를 나눌 기회가 주어진다. 최소한 자리를 제공해주어 상대의 기분을 좋게 해줄 수 있지 않은가.

당신이라면 필리스 셀프를 다룬 이 장에서
어떤 개인적인 교훈을 이끌어낼까?

독자 여러분은 필리스 셀프에게 개인적으로 어떤 영감을 받았는가? 특히 흥미로웠거나 메모해둘 가치가 있는 것으로 어떤 것을 발견했는가?

◦ 이 장에서 살핀 사례는 나에게 개인적으로 무엇을 말해주었나?

◦ 나는 구체적으로 무엇을 할까?

새로움에 도전할 용기
– 나이는 상관없다

85세에 암벽 등반을 발견하다. "재밌어요!"
도리스 롱

잘못 읽은 게 아니다. 정확하게 읽었다. 힐다 켐프와 마찬가지로 영국 여성인 도리스 롱^{Doris Long}은 85세의 나이에 암벽 등반을 배웠다.

85세의 할머니가 어쩌다가 이런 독특한 취미를 가지게 되었을까? 도리스 롱의 대답은 간단하다. 우연히! 그녀는 마을에서 암벽 등반 벽을 발견하고 직접 해보면 재밌겠다는 생각을 했다. 이렇게 해서 암벽 등반을 배운 도리스 롱은 2014년 5월 100회 생일에 고층 빌딩 벽을 타고 오르는 기염을 토했다.

높으면 높을수록 더 좋다! 이로써 나이를 먹을수록 타고 오르는 빌딩의 높이도 점점 더 높아졌다. "나는 높은 것을 정말 좋아해요 I really love the high ones best." 이게 바로 도리스 롱이다.

미쳤다고? 아마도 가죽옷을 즐겨 입으며 머리를 붉게 염색하고 문신 따위를 한 '문제 노인'을 떠올렸다면 완전히 틀렸다. 도리스 롱은 지극히 평범한 할머니로, 고층 빌딩을 타고 오른다는 것을 빼고는 전혀 주목을 끌지 않는다.

도리스 롱이 나오는 동영상을 보면 누구나 자신의 할머니를 떠올리리라. 단정하게 차려입은 블라우스와 옷, 편한 신발, 목에 건 진주 목걸이는 여느 할머니와 조금도 다르지 않다. 파마머리를 한 친근한 표정까지.

그럼 암벽 등반이라는 '미친 짓'의 배후에 숨은 것은 무엇일까? 첫 번째 충동은 새로운 것을 즐기고픈 욕구다. 암벽 등반 벽을 처음 보았을 때 그녀는 재밌겠다고 생각했다. 이후 그녀는 이 독특한 취미로 자선 사업에 기부할 돈을 모금했다. 이 특이한 모금 활동으로 도리스 롱은 막대한 돈을 모았으며, 2009년 '영국의 자부심 상Pride of Britain Award'을 받았다.

도리스 롱은 우리에게 어떤 영감을 주나?

이 물음의 답은 이렇게 정리할 수 있다. "하고 싶은 일이면 용기를 가지고 하라! 보기만 해도 즐겁고 매력적으로 보이는 일이라면 망설일 것 없다. 위험하고 무모하며 심지어 '미친 짓'으로 보일지라도 도전하고 싶은 욕구가 불타오르는 일이라면 하라!"

한편으로는 무엇인가 과감하게 도전한다는 사실만으로도 가슴이 벅차며, 다른 한편으로는 살아 있음의 기쁨이라는 젊은 날의 설렘을 그대로 간직할 수 있어 좋다.

도전을 시작하자!

모험의 생동감과 새로운 활력

위험한 모험을 즐기는 사람은 꿈을 실현하기 위해 남이 전혀 가보지 않은 새로운 길을 걸어가는 용감한 인물만큼 우리에게 깊은 인상을 심어준다.

그러나 남의 용기를 보고 감탄한다는 것이 곧 우리 자신이 용감함을 뜻하지는 않는다. 유럽의 이웃 국가에 비해 두려움이 많으며 안전을 최우선시하는 독일인에게는 '용기를 가진다는 것' 자체가 일대 도전이다. 그러나 도전이 없는 인생은 따분하기 짝이 없다. 자연재해에 피해를 별로 입지 않으며 상대적으로 평화로운 환경에서 살아온 탓에 과감하게 도전하는 일이 적은 독일에서 요즘 갈수록 급류를 즐기는 래프팅, 위험하기 짝이 없는 암벽 등반, 경영자를 위한 극기 훈련 등 두려움의 한계를 체험하는 가짜 모험이 판을 친다.

이 모든 것이 흥미로운 경험일 수는 있지만, 용기를 가지고 중요한 인생 결단을 내리는 '진짜 모험'과는 별로 관계가 없다.

두려움을 가진 사람은 뭔가를 과감하게 시도하는 일이 별로 없다. 새로운 계획을 세우고 추진하려 할 때 우리는 무엇에 두려움을 느낄까? 당장 눈에 띄는 것은 두 가지 측면이다. 그 하나는 금전적 위험이며, 다른 하나는 건강에 해를 입지 않을까 하는 걱정이다.

세 번째 측면은 사람들의 일반적 기대와 어긋나는 행동을 할 때 혹시 우습게 보이지는 않을까 하는 걱정이다. 이는 그리 두드러져 보이지는 않지만 노년에 적지 않은 영향을 미친다. 안타깝게도 노년에는 여생을 이러저러하게 살아야 한다고 하는, 명문화하지 않은 규범이 너무 많아 보인다. 바로 그런 이유로 나이를 먹을수록 작은 모험도 꺼리는 노인이 늘어만 간다. 60대에 미니스커트를 입거나, 70대에 장발을 하거나, 80대에 록 콘서트장을 찾는 일은 주변의 반응과 비판 탓에 갈수록 어려운 모험이 되고 말았다.

'노년과 맞지 않는' 어떤 일을 과감하게 시도하려는 용기는 병 수발을 받지 않는 노년이나 너무 일찍 보조 도구에 의존하지 않으려는 것 못지않게 어려운 일이다. 이런 용기는 일단 가까운 주변 사람들, 이를테면 가족, 남편이나 아내, 아들이나 딸, 또는 친구들에게 어떻게 받아들여질까 싶어 더욱 어렵다.

"행글라이딩요? 아버지, 그건 말도 안 돼요. 그러다가 온몸이 골절된다고요!", "뭐라고요, 75세에 번지 점프를 하겠다고요? 제정신이에요? 아직도 젊다고 생각해요?", "어머니! 80세에《슈퍼스타》프로그램에 나가 춤을 추겠다고요? 아이고, 무슨 망신을 당하려고요."

가까운 주변 사람들에게 새로운 일을 감행하려는 계획을 털어놓으면 흔히 이런 촌평을 듣게 된다. 용기를 북돋우는 격려는커녕 한사코 막으려는 만류가 기승을 부린다. 새로운 도전을 계획하는 사람은 단단히 무장하고 지원과 격려를 가장 잘 찾을 수 있는 곳, 즉 다른 용감한 사람의 사례에서 지원과 격려를 구해야만 한다.

우리에게 모범이 되어줄 용감한 사람은 어디에나 있지만, 우리가 이런 사람의 존재를 항상 아는 것은 아니다. 앞에서도 강조했듯 이 책에서는 다수의 실제 사례로 독자 여러분을 설득하고자 한다. 이 책의 목표는 이 여자 혹은 저 남자가 용기를 내어 어떤 것을 실행하여 성공을 거둔 사례를 보여줌으로써 독자 여러분도 용기를 가지고 자신의 꿈을 실현할 동기를 심어주려는 것이기 때문이다.

물론 용감하게 편견을 깨고 자신의 꿈을 실현하는 일은 대다수의 사람에게 일대 도전이다. 용감한 사람의 예로 나는 세 여인을 언급하고자 한다. 70세의 루스 플라워스, 80세의 패디 존스 그리고 90세의 바버라 베스킨드는 모두 내가 개인적으로 큰 감동을 받은 사례다.* 세 여인은 저마다 용감한 결정으로 빛나는 성과를 올렸다.

루스 플라워스는 용기 덕분에 국제 무대에 혜성처럼 등장해 정말이지 믿기 어려운 성공을 일구어냈다. 도리스 롱과 달리 루스 플라워스는 자신을 요란하게 꾸미기를 좋아했다. 보석으로 치장하고 폭격기 조종사가 입는 번쩍이는 점퍼를 입고 콧잔등에는 큼직한 선글라스를 걸친 모습으로 대중 앞에 나서는 과감함으로 그녀는 스타가 되었다.

루스 플라워스는 교회 성가대에서 노래를 부르며 성악을 가르치는 선생으로 60세까지 정말 평범한 인생을 살았다. 60대 중반에 손자의 생일을 축하하기 위해 나이트클럽에 동행했던 그녀는 운명의 변화를 맛보았다. 그녀는 리듬에 맞춰 흥겹게 춤을 추는 젊은이들의 모습에 열광했다. 이때부터 그녀는 오로지 음악을 믹스하는

• 루스 플라워스(Ruth Flowers: 1931~2014)는 영국 출신의 디제이다. 세라 '패디' 존스(Sarah 'Paddy' Jones)는 1934년생으로 영국의 댄서다. 바버라 베스킨드 (Barbara Beskind)는 1924년생의 미국 디자이너이자 작업치료사다.

일에만 전념했다. 이렇게 해서 그녀는 디제이로 데뷔했다.

얼마 뒤 다시금 운명이 그녀를 향해 미소를 지었다. 어떤 젊은 프랑스 프로듀서가 루스 플라워스를 발견해 파리로 데리고 가서 파리 최대의 클럽과 전속 계약을 맺게 했다. '마미 록Mamy Rock'이라는 예명으로 그녀는 국제적인 명성을 얻었다.

80대의 패디 존스도 플라워스 못지않은 용기를 선보였다. 그녀는 젊은 남성 댄스 강사와 함께 독일의 《슈퍼스타》 방송과 같은 포맷의 영국 방송 《브리튼스 갓 탤런트Britain's Got Talent》에 출연했다. 그녀는 젊은 파트너가 인도하는 대로 과감하고도 역동적인 살사 댄스를 추어 준결승까지 오르는 기염을 토했다.

그러나 경연이 시작되었을 때 심사 위원들의 첫 반응은 냉정했다. 우선 심사 위원들은 그녀에게 몇 살이며, 젊은 파트너와는 어떤 관계인지 물었다. 물음의 바탕에 깔린 냉소는 숨김없이 배어나왔다. ─"도대체 당신 나이에 이 쇼는 왜 나온 거요?" 그러나 패디 존스는 고개를 꼿꼿이 세우고 침착하게 대답하는 여유를 과시했다.

바버라 베스킨드는 90세의 나이로 실리콘밸리에서 이 분야의 종사자가 평균 연령 30세인 '콘셉트 디자이너'에 지원하는 용기를 선보였다. 그녀는 원하는 일자리를 얻었다.

아마도 이 대목을 읽는 독자는 이렇게 반문하리라. 방송에 나오며 국제적인 명성을 자랑하는 디제이나, 빌딩을 타고 올라가거나 실리콘밸리에 취직하는 그런 극단적인 사례로 뭘 어쩌란 말이야? 답은 간단하다. 이런 사례들은 고령이라도 용기만 가지면 이뤄내지 못할 것이 없음을 분명하게 보여준다. 명확하게 하기 위해서는 극단적인 사례가 때로는 필요하다.

우리는 인생을 살며 꿈, 희망, 목표에 집중해야 한다. 그리고 이런 집중은 용기를 요구한다. 타고난 성격이 용기와는 거리가 멀다면 당장 오늘부터라도 용기를 가지려 노력하는 자세가 최선이다. 나이를 먹을수록 용기 내는 일은 힘들어지며, 항상 성공하는 것은 아니기 때문이다.

이 대목에서 이미 나이가 지긋한 사람들을 위해 한 가지 유용한 암시를 주고 싶다. 동기 부여나 누군가의 지원이 필요한 독자는 세대를 건너뛰어 되도록 아래로 내려가보라. 손자나 손녀는 아들이나 딸보다 훨씬 더 뜨거운 응원을 보내준다. 루스 플라워스의 손자는 젊은 프로듀서가 그녀를 파리로 데리고 가려 할 때 이렇게 말했다. "하세요!Go for it!"

도리스 롱은 그 짜릿한 취미를 15년 동안, 곧 100세가 될 때까지 즐겼다. 그녀는 인터뷰에서 "이제는 평온히 쉬고 싶다."라고 말했다. 루스 플라워스는 디제이로서의 열정적인 삶을 비교적 그리 오래 누리지 못했다. 그녀는 74세를 일기로 세상을 떠났기 때문이다. 그러나 두 여인 모두 기쁨과 열정으로 충만한 밀도 높은 인생을 살았다. 독특한 목표가 선물해준 기적과도 같은 힘이 이런 삶을 만들어주었다.

삶의 즐거움과 환희 — 노년에도 얼마든지 누릴 수 있다

"인생을 즐기자!" 요즘 이 말은 어디서나 들을 정도로 유행을 탄다. 물론 이 말을 입에 올리며 노년 혹은 심지어 고령을 떠올리는 경우는 거의 찾아볼 수 없다. 즐기는 인생은 우리가 가지는 노년, 심지어 고령의 그림과는 맞지 않기 때문이다.

즐거움은 신체적 제약, 질병, 허약함 또는 심지어 노쇠함과 어울리지 않는다. 바로 그런 이유로 세상 사람들은 젊었을 때 즐기자는 말을 흔히 한다. 말하자면 운명이 봐줄 때까지만 즐기자는 것이 이런 태도다.

최근 고령의 '즐거움'을 주제로 다룬 영화와 책이 쏟아져 나오기는 한다. 이를테면 어떤 괴짜 할머니가 양로원을 탈출해 기묘한 모험을 벌인다는 식이다. 그렇지만 이런 발상은 대중의 흥미를 자극하는 장치일 뿐, 노년을 바라보는 근본적으로 다른 관점과는 거리가 멀다.

광고에서 흔히 보는 '인생의 기쁨'도 마찬가지다. 이런 광고는 제법 진지하게 꾸미기는 했지만, 삶을 즐기는 60대나 70대의 모습을 연출하는 전형에서 벗어나지 못한다. 더 높은 연령대를 겨눈 광고에서 시각적 이미지로 꾸민 인생의 기쁨은 '노쇠함을 교정하는 것'이라는 고정 관념의 변형을 보여줄 따름이다. 누구나 휠체어를 타고 계단을 올라가는 리프트 광고는 한 번쯤 보았으리라.

노년과 관련하여 기쁨과 즐거움, 유쾌함과 열정을 떠올리는 것은 쉽지 않다. 일반적으로 널리 퍼진 부정적인 고정 관념이 그만큼 강하기 때문이다. 또 노년을 긍정적으로 바라보는 자세, 이를테면 흔히 높이 평가하는 '노년의 지혜'도 사실 고정 관념의 하나일 따름이다.

나이를 먹으면 '지혜'를 자랑한다거나, 자랑해야만 한다는 것은 일반적인 통념이다. 지혜는 흔히 신중하고, 사려 깊으며, 이성적이고, 중도를 지키는 것으로 이해된다. 명철한 판단을 내릴 줄 안다는 점도 이런 이해 가운데 하나다. 기쁨과 즐거움과 열정은 노년과 어울리지 않는다. 이런 특성은 젊음의 전유물로 여겨질 뿐이다. 거칠 것 없으며, 자발적이고, 통제 불가능해서 약간 '미친 태도'를 젊음의 특권이라 하지 않던가.

유명한 소설 「이토록 지독한 떨림」을 쓴 94세의 프랑스 작가 브누아트 그루*는 언젠가 이런 매우 멋진 말을 했다. "늙으면 지혜로워진다는 말은 맞지 않다. 노년의 지혜란 그저 갖다 붙이는 그럴싸한 꾸밈에 지나지 않는다. 늙으면 젊을 때처럼 미친 것 같은 과감한 새로움을 시도할 수 없다. 이런건 지혜가 아니라, 체념이다."

새로움 ─ 우리 두뇌를 위한 최고의 도전

모험은 용기를 요구한다. 용기의 본질은 새로운 것을 갈망하는 자세

---

* 브누아트 그루(Benoîte Groult: 1920~): 프랑스 작가. 기자로 일하다가 작가로 데뷔해 페미니즘과 인간의 존엄성을 주제로 한 많은 베스트셀러를 썼다. 본문에서 언급한 작품 「심장 혈관(Les vaisseaux du cœur)」(1988)은 노골적인 섹스 묘사로 포르노 취급을 받다가 문학성을 인정받으며 영화로도 만들어진 작품이다. 「이토록 지독한 떨림」(2008)은 국내 번역서의 제목이다.

다. 어떤 모험을 한다는 것은 대개의 경우 잘 알지 못하는 일을 벌이는 것을 뜻한다. 곧 전혀 새로운 경험으로 과감하게 나서는 것이 모험이다. 바로 그런 이유로 아마 놀랍게 들리겠지만 용기는 활발한 두뇌 활동과 매우 밀접한 관련이 있다.

유럽 사람들은 인지증을 몹시 두려워한다. 그래서 많은 사람들이 의학의 두뇌 연구 발달을 주목한다. 대다수의 사람들은 두뇌를 '훈련'할 수 있다거나 해야만 한다는 점도 잘 안다. 이런 훈련 방법으로 가장 잘 알려진 것은 십자말풀이, 스도쿠, 신경학 테스트 등이다. 그러나 모험과 호기심, 삶을 즐기려는 자세가 두뇌 훈련의 좋은 방법이라는 점은 잘 알려지지 않았다. 경우에 따라서는 이런 방법이 우리 두뇌에 훨씬 더 큰 자극을 준다.

매일 새로운 것을 시도하는 일은 정신 건강을 향상시키는 최고의 방법이라고 은퇴한 심리노인학 교수 볼프 오스발트*는 말한다. 반대로 십자말풀이는 정신 건강을 도모하기에 그리 적절치 않은 방법이다. 정신 건강을 위해서는 반드시 학습 과정이 일어나야 하는데, 십자말풀이는 이런 '학습 과정'이 제한적으로 이루어지기 때문이다. 근본적으로 십자말풀이는 이미 아는 것을 물어보는 퀴즈다. 십자말풀이로 일어나는 학습 과정이래야 어휘력의 확장일 따름이다. 스도쿠도 십자말풀이도 새로운 것을 발견하거나 기존의 것에 의문을 제

• 볼프 오스발트(Wolf Oswald: 1940~): 독일 심리학자로 심리에 초점을 맞춘 노인학을 창시한 인물이다. 슈투트가르트 대학교와 에를랑겐 대학교의 정교수를 지냈다.

기하도록 요구하지 않는다. 이런 방법들은 우리 의식에 변화를 일으키지 않는다.

많은 기억법 훈련가 역시 판에 박은 것처럼 되풀이하는 습관을 버려야만 한다고 강조한다. 진심으로 좋아서 하는 것, 열정을 가지고 하는 일이 가장 잘 기억된다는 주장이다. 새로운 것을 찾을 수 없거나 찾고 싶지 않다면, 최소한 취미 생활이라도 시작하자. 취미는 열정을 부추기기 때문이다. 그런 한에서 십자말풀이도 두뇌 훈련에 도움이 되기는 한다. 두뇌를 훈련할 수 있다는 말에 마지못해 의무로 하지 않고 진정한 열정을 가지고 십자말풀이를 취미로 삼는다는 전제만 만족된다면 말이다.

인지증과 같은 현상에는 새로운 경험을 추구하는 활력이나 미지의 것을 알고자 하는 열정이 없다. 인지증을 연구하는 의학에서 인지증의 원인으로 이 같은 삶의 중요한 특징을 고려하지 않는 것은 놀라운 일이다. 아마도 증상만을 중시하는 대증 요법 탓에 이런 소홀한 연구 태도가 빚어졌으리라. 또는 인간을 오로지 '생물의 원리'만 따르는 존재로만 바라보거나.

데이비드 스노든°이 겪은 경험은 의학의 이런 부족한 관점을 여실히 보여주는 사례다. 의학자 스노든이 자신의 유명한 '수녀 연구'를 발표했을 때, 이 연구의 충격적 결과는 전 세계를 경악에 빠뜨렸다. 몇몇 수녀의 두뇌는 위중한 알츠하이머의 흔적, 곧 알츠하이머

• 데이비드 스노든(David Snowdon: 1952~): 병리학자로 미국 켄터키대학교 노화연구소 소속 교수이다. 이른바 '수녀 연구'로 유명해졌다.

의 절대적 말기 증상인 인지증 등급 6으로 평가될 수 있는 흔적을 보여주었다. 그럼에도 이 수녀들은 고령에 이르기까지 정신적으로 건강했으며, 더욱이 탁월한 기억력을 자랑했다! 거꾸로 두뇌에 병적인 흔적이 전혀 없는 많은 수녀들이 인지증에 걸렸다. 이로써 두뇌 안에 노화 물질이 퇴적함으로써 신경 세포가 파괴된다고 주장하는 모든 '플라크 이론'은 심각한 타격을 받았다. 뇌의 흔적으로만 보면 병에 걸렸어야 마땅함에도 건강한 수녀들을 만난 스노든은 연구에 매진했다. 그러나 그가 의학적 관점을 넘어서는 삶의 특성을 다룬 책을 썼을 때 학계는 곧장 스노든에게 학자로서의 객관성이 결여되었다고 맹비난을 했다.

생활 태도와 삶의 특성은 '측정할 수 있는 것'이 아니다. 이런 이유로 과학은 태도와 특성을 일고의 가치가 없다고 여긴다. 의학의 과학적 '지식'에만 매달리면 이처럼 정작 중요한 요소는 무시되고 만다. 본래 우리의 현대 사회는 끈끈한 가족 관계가 중시되었던 옛날과 달리 갈수록 노인을 외롭게 만든다. 이런 고독화는 노인의 삶에 새로운 것이 더는 없음을 뜻한다. 생활 영역은 갈수록 작아지고 좁아진다. 매일 같은 일이 되풀이되며 복지 요원이나 이동 식사 서비스가 찾아오는 시간도 늘 똑같다. 양로원도 사정은 다르지 않다. 두뇌 활동이 줄어들며 끝내 멈추어버리는 것은 당연한 일이 아닐까?

이탈리아의 정신과 전문의 비토리오 카프리오글리오는 정확히 바로 이 점을 지적한다. "늘 똑같이 되풀이되는 생각은 두뇌의 신경 세포 활동이 판박이가 되게끔 강제한다. 두뇌 활동은 최소한으로 줄어들며, 굳어지다가 마침내 정지한다."

연습 10
개인적인 담력 체크

세 단계로 이루어진 이 연습은 희망과 꿈과 열정을 감지하고 당신의 인생에 필요한 용기를 북돋울 기회를 준다.

| 용감한 결단의 의미 |

첫 단계는 지나온 인생을 돌이켜보는 일이다. 단 몇 분이라도 차분한 시간을 가지고 평안한 마음으로 과거 여행을 떠나보는 것이 좋다. 방해받지 않는 조용한 저녁 시간이 이상적이다.

지금까지의 인생을 되짚어보자. 어떤 계획, 희망, 꿈, 의도가 당신에게 용기를 요구했는가? 그런 상황에 어찌 대처했는가? 용감하게 달려들었는가, 아니면 주춤하며 물러섰는가? 떠오르는 주요 사항을 적어보자. 아마도 많은 상황이, 또는 몇 안 되는 상황이 떠오르리라. 어쨌거나 과감하게 용기를 냈던 사례 하나, 주춤거리며 물러섰던 사례 하나를 찾아내야 한다.

이제 각각의 경우를 정확히 회상하며 용기를 가졌던 순간과 그렇지 않았던 순간이 어땠는지 확인해보자.

용감했던 행보는 어떤 결과를 낳았는가? 그 상황을 돌이켜볼 때 어떤 느낌이 드는가? 그 어떤(또는 모든) 용감한 행보가 당신의 인생을 결정적으로 좌우했는가?

실현하지 못했던 계획을 떠올리면 무슨 생각이 드는가? 오늘이라면 실천하겠는가? 실행해보지 않아 후회되는 계획을 지금이라면 실천해보겠는가?

이런 과거 여행에서 용감했던 결정(많으면 좋지만 적어도 하나쯤은 찾아낼 수 있으리라 믿는다)을 찾아내 머릿속에 단단히 새겨두자. 아니 더 낮게는 심장에 아로새기자. 이로써 개인적인 용기의 닻을 만들어보자. 그리고 다시금 어떤 결정을 내려야 하는 순간을 맞는다면 이렇게 자문하자. "용기를 내어 감행해볼까?"

| 꿈과 갈망은 우리를 어디로 이끌려 할까? |

두 번째 행보는 바로 오늘을 주목하는 것이다. 현재 당신의 인생에는 실현시키기 위해 용기를 내거나 위험을 각오해야 할 생각, 갈망, 희망, 계획(아마도 채워지지 않은 채 남은 과거의 꿈)이 있는가? 위험이 있다면 어떤 종류일까? 집 건축이나 구매와 같은 금전적 위험? 이직? 다른 도시로의 이사? 홀로 떠나는 먼 여행? 새로운 사랑?

떠오르는 모든 것을 적고, 이 일에 얼마나 '열정' 혹은 기쁨 또는 즐거움을 느끼는지에 따라 분류해보자. 이성적으로는 설명할 수 없는 내면의 깊은 갈망이라도 좋다. 이 모든 것에 1~3점으로 별점을 매겨보자. 또는 여러 가지 계획이라면 1~10점 하는 식으로. 그런 다음 지금까지 이 '내면의 갈증'에 얼마나 주의를 기울여

왔는지 자문해보자. 원한다면 이러저러한 계획을 생각 속에서 그려보고 내적 열망이라는 감정이 얼마나 집중적으로 일어나는지 느껴보자.

이제 충족되지 않고 남은 꿈이나 희망을 찾아냈다면 이를 위해 무엇을 할 수 있는지 숙고해보자.

| 노년에 어떤 일을 감행할 수 있을까? |

세 번째 단계는 적극적인 실천 욕구가 강렬한 순간에 실행하는 것이 가장 좋다. 차분하게 와인 한 잔 기울이며 생각해도 좋다. 한 잔의 와인쯤은 이 연습에 방해되지 않는다.

가까운 혹은 좀 더 멀리 떨어진 미래의 노년이 어떤 모습일지 그려보자. 어떤 일을 기꺼이 하고 싶은가? 무슨 희망, 꿈, 계획을 충족시키면 좋겠는가? 떠오르는 모든 것을 적도록 하자. 깊이 고민할 거 없이 바로바로 적자.

이제 꿈과 희망의 작은 리스트를 완성했다면, 이를 주의 깊게 살피며 자문해보자. 왜 나는 이 꿈을 지금이 아닌 미래에 원할까? 이 꿈과 희망의 실현을 위해 현재 부족한 것은 무엇인가? 돈? 시간? 추진력? 단호함?

지금 당장 실천에 옮길 수 있는 희망에는 어떤 것이 있는지 분류해보자. 그저 첫걸음만 내딛는 작은 것이라 할지라도 말이다. 자, 구체적으로 무엇부터 시작하면 좋을까?

그런 다음 나머지 희망들을 차례로 살피며 정말 이룰 수 있을까 회의가 드는 것은 무엇인지 자문해보자. 이 회의는 어떤 종류의 것인가? 금전적인 것? 건강상의 문제? 또는 전혀 다른 성격의 회의인가? 가족에게 비난을 들을지도 모른다는 회의? 배우자가 동의하지 않을 것이라는 회의? 나 스스로 하지 못할 것이라는 회의?

그런 다음 당신 자신이 아주 중요하게 여기지만, 이런 회의가 드는 희망이나 꿈에 집중해보자. 어떤 '장애'가 있을지 관찰해보자. 현실적인 장애인가, 아니면 그저 그럴 거라고 짐작한 것인가? 장애를 무릅쓰고 이 꿈 혹은 희망을 실현하기 위해서는 무엇을 해야 할지 숙고해보자.

당신이라면 도리스 롱을 다룬 이 장에서
어떤 개인적인 교훈을 이끌어낼까?

도리스 롱이 당신에게 개인적으로 어떤 영감을 주었는지 메모해보라.
이 장에서 읽은 내용 가운데 어떤 것을 당신 인생에 직접 응용하고 싶
은가? 용기 체크를 해보았다면 지금은 이로써 얻은 중요한 깨달음을 정
리해볼 때다. 더 낫게는 무슨 계획을 품었는지 메모해보자.

◦ **이 장에서 살핀 사례는 나에게 개인적으로 무엇을 말해주었나?**

_____

_____

_____

_____

◦ **나는 구체적으로 어떤 대책을 세울까?**

_____

_____

_____

_____

어려서 배우지 못한 것은
어른이 되어서도 절대 못 배운다?
이미 오래전에 무너진 속설

91세에 학사 학위를 따다
앨런 스튜어트

나는 원래 이 장의 부제목을 '97세에 의학 석사 학위를 따다'로 붙일 생각이었다. 앨런 스튜어트Allan Stewart는 2년 전 97세의 나이로 의학 석사 학위를 취득했기 때문이다. 그러나 이 장의 목적에는 법학 학사 학위가 더 잘 맞는다. 앨런 스튜어트는 91세에 평균 걸리는 6년 대신 4년 반이라는 기록을 세우며 법학 학사 학위를 취득했다.

앨런 스튜어트는 은퇴한 치과의사다. 그러니까 그는 이미 대학교를 졸업했다. 물론 1936년의 일이다. 대학교를 졸업하고 몇십 년이라는 세월이 지나 87세에 다시 학업에 도전한 앨런 스튜어트에게 가장 큰 도전 과제는 기술이었다. 그는 그때까지 컴퓨터를 다뤄본 일이 전혀 없었다. 바꿔 말해서 그는 87세에 이 완전히 새로운 도전에 나섰다.

"컴퓨터 이용과 관련해 나는 문맹이나 다를 바 없더군요." 그가 기자와의 인터뷰에서 한 말이다. "그리고 컴퓨터를 다루지 못한다면 이 새로운 학업을 끝낼 수 없음이 분명했습니다." 그래서 그는 독학으로 컴퓨터를 익혔다. 이것만이 아니다. 그는 컴퓨터로 가능해진 새로운 학습 방법, 이를테면 온라인 토론 포럼이나 강사와의 '스카이프 통화'도 적극 활용했다. 나중의 석사 과정에서 그는 이런 방법을 집중적으로 이용했다.

그는 왜 그처럼 고령에 다시 학업에 도전했을까? 그는 자신이 '시간이 많았으며', 정신적으로 활발하기 바랐다고 설명했다. 그는 배움을 통해 자신의 지평을 넓히는 일에 너무 늦은 때란 없다고 말했다. 새로운 친구를 사귀고 가치 있는 일을 하는 데 도전하는 것에도 너무 늦은 때는 없다고 그는 강조하기도 했다. 자신이 특히 노인들에게 모범이 되었으면 좋겠다고 그는 덧붙이기도 했다.

앨런 스튜어트는 우리에게 어떤 영감을 주나?

이미 첫 장에서 암시했듯, 이 책의 모든 장들의 바탕에 깔려 있는 중요한 메시지는 "너무 늦은 때란 없다."라는 것이다. 앨런 스튜어트의 사례는 노년의 정신적 능력이라는 민감한 주제를 다룬다. 이 주제는 "너무 늦은 때란 없다."라는 말의 의미를 좀 더 정확하게 새겨볼 이유가 충분함을 보여준다.

노년의 정신적 능력이라는 민감한 주제는 하나의 특별한 측면에 집중할 때 더욱 민감해진다. 곧 고령에 새로운 기술을 이용하기 위한 정신적 능력이라는 것이 그 새로운 측면이다.

노년의 배움에는 우리가 생각하는 것보다 훨씬 더 경계가 없다

"늙으면 배우기가 쉽지 않아." 누가 이런 탄식을 모를까! 오랫동안 사람들은 40대만 되어도 새로운 언어를 배우기가 쉽지 않으며, 50대에는 무얼 깨우치는 데 두 배의 시간이 걸리고, 60대에 배움은 환상에 가깝다고 여겨왔다.

의학도 오랫동안 두뇌는 나이를 먹어가며 쇠퇴하며, 노인은 갈수록 무엇을 배우고 기억할 능력이 떨어진다고 굳게 믿어왔다. 20세기 초만 하더라도 두뇌의 신경 회로는 고정된 것이라 바뀌지 않으며, 매일 무수한 신경 세포가 죽기 때문에 두뇌의 쇠퇴는 되돌릴 수 없다는 확신이 지배적이었다.

이런 확신은 하나의 '의견'에 그치지 않고 과학 지식으로 떠받들어졌다. 과학 이론이 — 제한적이며, 특히 쓸모가 없는 것일지라도 — 우리에게 강력한 영향력을 행사하는 탓에 우리는 예로부터 이런 쇠퇴 이론을 무조건적으로 믿어왔다. "과학적으로 증명되었다."라고 하지 않는가.

1980년대 말 이탈리아의 한 신경생물학자는 이런 '지식'이 아무 근거가 없는 것임을 밝혀냈다. 이후 우리는 두뇌의 신경 체계가 유전적으로 되돌릴 수 없이 고정된 것이 아니며, 오히려 새로운 상황에 적응할 능력을 가지며 심지어 재생되기도 한다고, 더욱이 노년에도 쇠퇴하지 않는다고 알고 있다.

그렇지만 과학이든 사회든 일단 굳어진 통념을 바로잡기까지는 오랜 시간이 걸린다. 고루하며 부정적인 의견을 내면에 새긴 나머지 오늘날까지도 그 의견을 버리지 못한 저자들이 쓴 책들을 보면 다음과 같은 사례가 심심찮게 등장한다. 한 심리학자는 60대의 여성이 심리학 공부를 시작했으나 원한 만큼 성과가 나오지 않은 경우를 두고 서슴없이 조롱했다. "60대의 여성은 젊은이들에게 늙은이도 똑똑하다는 것을 보여주고 싶어 했으나, 기억력도 생각의 폭도 따라주지 못한다는 점을 유념하지 않았다." 심리학자가 2009년에 쓴 글이다.

판에 박힌 통념에 사로잡히면 흔히 이미 오래전에 무너진 낡은 생각을 고집하게 된다. 통념에 주눅 들 필요는 전혀 없다! 그게 아닌데 하는 느낌이 든다면 과학과 의학의 지식이라 할지라도 비판적으로 바라보며 그 근거를 캐묻는 자세가 반드시 필요하다. 의사는 기초 지식을 책을 보고 배우며, 이런 기초 지식에 자신을 맞춘다. 그러나 우리는 온전한 책임감을 가지고 자기 자신과 두뇌의 지성을 믿을 자유가 있다.

앨런 스튜어트는 특정 문제를 바라보는 일반의 통념과 달리 자신을 믿고 의지를 실천할 때 무엇을 이룩할 수 있는지 자신의 생생한 사례로 웅변했다. 이처럼 대중의 통념을 따를 이유는 없다.

물론 90세의 나이로 기록적인 시간 안에 학업을 마치는 일은 원한다고 누구나 할 수 있는 일은 아니다. 그렇지만 독일에서는 70세 이상의 사람들이 1만여 명이 넘게 여러 대학교의 강의에 청강생으로 등록했다. 이런 사실이 보여주듯, 노년에도 학습하고자 하는 열의를 가진 사람은 많기만 하다. 그리고 별문제 없이 소기의 성과를 올리는 노인도 많다.

대학교의 학업만이 아니다. 고령에도 기초 학력을 쌓고자 하는 사람도 많기만 하다. 이를테면 시칠리아의 농부 안토니오 솔라^{Antonio} ^{Sola}는 89세의 나이로 초등학교 졸업장을 땄다. 아프리카계 미국인 조지 도슨^{George Dawson}은 심지어 98세에 처음으로 읽고 쓰는 법을 배웠다. 이후 그는 물론 도움을 받기는 했지만 심지어 책을 한 권 썼다.

언젠가 무얼 배우고 싶다는 생각, 예를 들어 휴가 여행을 위해 외국어를 배울 생각을 했다가 혹시 '내가 이 나이에 할 수 있을까?' 하는 의심에 사로잡혀 포기한 적이 있는가? 그렇다면 지금이야말로 이런 의심을 털어버릴 순간이다.

새로운 기술은 100세에도 얼마든지 익힐 수 있다

앨런 스튜어트는 90대에 컴퓨터, 인터넷, 온라인 포럼 그리고 '스카이프'를 능숙하게 다룸으로써 고령에도 새로운 기술 터득은 어렵지 않음을 보여주었다. 그럼에도 이런 반론을 하는 사람은 꼭 있다. 어쨌거나 앨런 스튜어트는 의사 자격증까지 갖춘 지성인이며, 평생 배움을 적극적으로 실천해오지 않았는가.

그럼 영국의 아이비 빈^{Ivy Bean}은 어떨까? 그녀는 대학교를 졸업한 지성인이 아니며, 고령에 학업을 시도하지도 않았다. 그녀는 14세에 학교를 그만두고 공장에서 일했으며, 나중에 어떤 귀족 가문에서 하녀 노릇을 했다. 그렇지만 아이비 빈은 호기심이 대단했으며, 매우 활달하고 개방적이었다. "페이스북 이야기를 듣고 그게 대체 뭔지 알고 싶었죠. 저는 온라인이 좋아요. 인터넷은 손으로 쓰는 것보다 훨씬 더 낫더군요." 컴퓨터를 양로원에서 처음 사용하기 시작한 102세 여성이 한 말이다.

1년 뒤 아이비 빈은 103세의 나이로 영국의 최고령 '트위터' 이용자가 되었다. 그녀는 페이스북은 너무 지루해서 트위터를 설명해 줄 사람을 불렀다고 한다. 그 사이에, 정말이지 흥미롭게도, 그녀는 102세 생일을 얼마 앞두고 다른 양로원으로 이사를 했다.

아이비 빈은 2010년에 104세를 일기로 작고했다. 양로원의 다른 노인들은 그녀를 본받아 페이스북에 가입했으며, 앞다투어 컴퓨터 강좌를 들었다.

앨런 스튜어트와 아이비 빈은 우리에게 정말 귀중한 교훈을 준다. 노년을 바라보는 통념만 버린다면 우리도 언젠가는 다른 사람에게 모범이 될 수 있지 않을까?

배움은 지식에만 국한하지 않는다

하인리히Heinrich S.는 노년에 학업을 시작한 사람 가운데 한 명이다. 그는 70세에 대학교의 신학과에 등록해 9학기 동안 신학을 전공했다. 동기가 무엇이었냐는 나의 물음에 그는 명확함을 가지고 싶었다고 답했다. '프로이센 청교도의 경건한 분위기를 자랑하는 부모' 밑에서 컸다고 그는 자신의 과거를 설명했다. 그러나 그는 청교도의 철저한 교리를 지키며 살아가는 길이 정말 옳은 것인지 갈수록 회의심이 커졌다고 했다. 신학 공부는 그에게 신앙이라는 감옥으로부터 해방되는 것을 의미했다. 그는 새로운 길을 가는 젊고 진보적인 목사들에게 열광한다.

노년에는 새로운 생각과 지식을 더는 받아들일 수 없다고 누가 말하는가!

앨런 스튜어트는 노인이 정신적으로 무엇을 이룩할 수 있는지 세상에 보여주었다. 그러나 아마도 하인리히 S.가 보여준 것이야말로 우리에게 더욱 의미심장하지 않을까? 배움은 지식에만 국한되지 않는다. 배움은 자신의 세계관을 넓히고 심화하며, 다른 의견을 수용하고, 굳은 확신이라 할지라도 바꾸어가는 것을 뜻한다.

많은 사람에게 이런 개방적인 태도는 고령의 학업 못지않게 어려운 도전이다. 다음의 연습은 열린 태도를 위해 고안해본 것이다.

연습 11

노년에 학업을 하고자 원하는 사람을 나는 어떤 태도로 볼까?

지금까지의 모든 연습은 독자 여러분 자신과 노년을 바라보는 관점이 중심이었다. 지금부터는 나는 다른 사람들이 노년에 무엇을 하며, 독자 여러분 자신이 그것을 어떻게 여기는지 하는 문제를 다뤄볼 생각이다.

나는 열차에서 우연히 어떤 청년과 60대 전반으로 보이는 부부가 대화를 나누는 걸 지켜본 바 있다. 대화의 주제는 고령에 학업을 하는 것을 어떻게 보아야 할까 하는 물음이었다. 짐작과 다르게 이를 변호한 쪽은 청년이었다. 청년은 고령의 학업이 세계를 보는 시야를 넓혀주며, 어떤 특정한 것을 경험하고 체험할 수 있거나 인생에서 가능한 일을 시도할 수 있게 해준다는 의견을 보였다. 또 고령에도 노력하는 모습이 보기 좋다고도 했다. 그러나 부부는 고령의 학업이 어처구니없는 무의미한 일이라고 했다. 고령에 돈과 시간을 들여 뭔가 배워서 "대체 어디 쓰려고?" 하고 부부는 물었다. 고령에 학업을 한다는 것은 아무런 목적이 없으며, 배운 걸 가지고 시작할 수 있는 일도 없어 아무짝에도 쓸모가 없다고 부부는 단언했다. 더욱이 고령의 학업은 젊은이들이 공부할 기회를 뺏는다고도 했다.

독자 여러분의 의견은 어떤가? 청년의 의견에 동조하는가, 아니면 부부의 견해를 따르는가?

의견이 정리되었다면 학업에서 배움의 문제로 넘어가보자. 개인적으로 '평생의 배움'에 어떤 내용을 채워 넣고 싶은가? 당신의 개인적인 내용은 무엇을 뜻하는가? 또는 앞으로 무엇을 뜻할 수 있을까?

연습 12

약간 다른 노화 테스트

독자 여러분은 틀림없이 신경학의 통상적인 노화 테스트를 알고 있으리라. 반응 속도, 결합 능력, 논리 등의 기준을 가지고 우리가 실제 얼마나 늙었는지 또는 젊은지 알아내는 것이 이런 테스트다.

나는 이런 통상적인 테스트와는 좀 다른 '노화 테스트'를 제시하고자 한다.

누구도 이 테스트를 훔쳐보거나, 그 결과를 알 수 없다. 자기 자신에게 솔직할 용기를 내자. 솔직한 답변만이 실제로 도움을 준다.

- 인생의 대부분 문제에 이미 답을 아는가?
- '인생은 어떻게 사는 것'인지 아주 잘 알고 있다고 믿는가?
- 남을 가르치려는 자세를 가질 때가 많은가?
- 나이를 많이 먹은 사람이 젊은 사람에 비해 원칙적으로 인생을 더 잘 안다고 믿는가?
- 이번 물음에는 특히 자신에게 솔직해야 한다. 뜨거운 논쟁을 벌일 때 다른 사람이 말을 끝내기도 전에 자신이 무슨 말을 할지 아는가?

이제 이 물음에 '예' 하고 답한 것이 어떤 것인지 살펴보자. 이 테스트는 미국에서 실제로 자주 쓰이는 것이다. 테스트의 핵심은 언제 다른 사람에게 '늙었다'는 인상이 심어지는지 하는 것이다. 문항은 주로 '앎'이라는 주제와 관련이 있다. 이미 모든 것을 안다. 남의 말을 경청하기보다 자신이 말하기를 좋아한다. 논쟁에서 자신이 옳지 않음에도 항상 옳다고 주장한다.

이런 특성과 태도는 실제 전혀 늙지 않았다 할지라도 다른 사람에게 늙었다는 인상을 준다. 실제보다 나이 들어 보이는 아이를 두고 '조숙하다'고 하는데, 이런 표현을 생각해보면 모든 것을 안다는 식의 태도를 지닌 사람이 늙어 보이는 이유가 짐작되리라. 반대로 실제로는 늙었다 할지라도 유연하고 개방적이며 배우려는 정신을 가진 사람은 '젊다'는 인상을 준다.

다음번에 자신의 의견을 고집할 때, 항상 다음의 말을 유념하는 자세는 큰 도움을 준다. '그래, 내가 아는 것은 많지만, 그래도 전부 아는 것은 아니야.' 상대방이 훨씬 더 젊다고 하더라도 항상 그의 말에 귀를 기울이는 태도는 반드시 필요하다. 자신의 의견을 고집하기보다 항상 다시 생각해보는 신중함이 현명하다.

당신이라면 앨런 스튜어트를 다룬 이 장에서
어떤 개인적인 교훈을 이끌어낼까?

앨런 스튜어트가 당신에게 개인적으로 어떤 영감을 주었는지 메모해
보라. 이 장에서 읽은 내용 가운데 어떤 것을 당신 인생에 직접 응용
해보고 싶은가?

◇ 이 장에서 살핀 사례는 나에게 개인적으로 무엇을 말해주었나?

_____

_____

_____

◇ 나는 구체적으로 어떤 대책을 세울까?

_____

_____

_____

노년의 매력

아마도 이 장을 읽는 독자는 여성을 위한 이야기인가 싶으리라. 그러나 남성도 배울 부분은 많기만 하다. '아름다움'이라는 주제가 남성보다는 여성에게 더 호소력을 가진다는 점은 비밀은 아니다. 심지어 자신이 아직 젊다고 여기는 한, 여성은 이 주제를 가장 먼저 찾아 읽으리라. 아름다움과 늙음은 얼핏 보기에 건강과 늙음만큼이나 서로 어울리지 않는 것 같기 때문이다. 바로 그런 이유로 "노년을 바라보는 생각을 물구나무 세우자." 하는 제안은 아름다움에도 적용된다.

"늙음은 아름다울 수가 없어." 대다수 사람들은 이렇게 굳게 믿는다. 일제 페타우Ilse Pätau는 다르게 본다. 그리고 이런 완전히 다른 관점으로 그녀는 2003년 79세의 나이에 '미스 시니어 베를린Miss Senior Berlin'이라는 미인 대회에 출전해 우승했다. 그녀는 참가자 가운데 가장 고령이었으며, 20세나 차이 나는 여성들과 겨뤄 우승을 차지했다.

이 미인 대회는 개성, 멋, 태도, 아름다움, 품위를 주요 기준으로 삼았다. 일제 페타우는 모든 면에서 강한 인상을 심어주었다.

일제 페타우는 대회가 끝난 뒤 인터뷰를 했으며, 어떻게 모든 면에서 그처럼 매력적일 수 있느냐는 질문을 받았다. 그녀가 중요하게 꼽은 것은 누구나 들으면 쉽게 알 수 있는 노년의 아름다운 외모를 위한 권고처럼 들렸다. 체조와 춤과 운동을 하고 술과 고기와 설탕과 기름진 음식은 전혀 섭취하지 않는 건강한 식생활이 그것이다.

그러나 아름다운 몸과는 별도로, 또는 아름다운 외모를 넘어서서 그녀가 강조한 것은 우리가 쉽사리 아름다움과 연관시키지 못하는 특성이다. 이는 곧 인생을 기쁜 마음으로 바라보는 태도와 자신감이다. "나는 항상 모든 것을 기쁜 마음으로 합니다." 일제 페타우의 말이다. "그리고 자신감이 중요하죠. 내적으로나 외적으로나 당당함을 잃지 않는 삶의 자세랄까요."

일제 페타우는 우리에게 어떤 영감을 주나?

나는 단 하나의 단어로 답하겠다. '자존감'. 운동과 건강한 식생활로 아름다운 몸을 가꾸는 것은 놀라울 정도로 새로운 이야기는 아니다. 나이를 먹어가면서 쉽게 허물어지는 것은 자기 자신을 바라보는 긍정적인 관점이다.

미소가 그 어떤 화장품보다 얼굴을 더 아름답게 만든다

주지하듯 일반적으로 아름다움은 무엇보다도 외모로 정의된다. 완벽한 몸매, 주름이라고는 없는 매끈한 피부, 동안 등이 가장 중시된다. 바로 그런 이유로 대다수의 여성은 이런 특성을 지키거나 되도록 회복하려는 데 노력을 집중한다. 피트니스 센터, 미용 크림, 보톡스, 머리 염색은 흔히 쓰는 전략 가운데 몇 가지다. 그러나 여성은 이 모든 노력이 자신을 실제로 '더 젊게' 만들어주지 않는다는 것을 발견하고 놀라 좌절하곤 한다. 아무래도 진짜 중요한 것을 잊은 게 아닐까. 아름다운 몸은 타인의 시선을 사로잡지만, 정작 당사자의 생동감은 위축되어 있다, 빛나는 눈과 미소가 말해주는 생동감이!

갈수록 이용이 늘어나는 보톡스가 바로 정확히 진짜 아름다움, 곧 환하게 빛나는 표정을 죽인다는 사실은 의미심장하기만 하다. 거침없이 보톡스를 쓰는 여성의 얼굴이 어떤지는 누구나 안다. 표정이라고는 찾아볼 수 없는 경직된 얼굴이다. 그러나 안타깝게도 (너무) 많은 여성들이 아름다움의 행복을 지속적일 수 없는 곳에서 찾는다. '보톡스'와 '필러'로 주름살을 막아보려는 안간힘은 꾸준히 늘어만 간다.

우리는 대체 무엇을 위해 아름다워지고자 할까?

여성이 자신에게 물어야 할 중요한 물음 하나는 대체 무엇을 위해 아름다워지고자 하는가이다. 거울을 보며 자신의 아름다움에 도취하는 순전한 자기만족일까? 아름다운 사람이 훨씬 더 가치가 있으며, 더욱 잘 성공한다고 믿는 일반의 속설에 충실하려고? 또는 황홀한 눈길로 바라보는 남자들의 사랑을 독차지하고 싶어서?

대다수 여성이 더 아름다워질 수만 있다면 지능 지수는 포기해도 좋다고 생각한다면, 아마도 독자 여러분은 이 말이 믿기지 않으리라. 그러나 이런 결과는 실제 어떤 여성 잡지에서 실시한 설문 조사에서 얻어진 것이다. 이 여성지는 25~45세의 여성 1,000명 이상을 상대로 더 아름다워질 수만 있다면 아이큐가 낮아져도 좋으냐고 물었다. 그렇다고 대답한 여성은 2/3가 넘었다.

나는 그렇게 해서라도 아름다워지고 싶다는 개인적 의도가 무엇일까 의아하기만 하다. 우리가 상대방에게 진정으로 좋은 인상을 심어주고 싶다면 근본적인 가치를 소홀히 할 수 없다. 일제 페타우가 강조한 긍정적 태도와 자존감이 이런 근본적인 가치다. 그저 예쁘기만 하고 아무 표정이 없는 얼굴은 조금만 보아도 지루해진다. 자신의 고유한 가치보다 외모에만 매달린다면 결코 좋은 인상이 생겨나지 않는다. 물론 직장과 사업에서 잘생긴 사람에게 닫힌 문이 더 쉽게 열리기는 한다. 그러나 상대방을 납득시키지 못한다면 잘생긴 사람에게도 이내 문은 닫힌다.

아마도 여성은 나이를 먹어서도 남성의 관심을 받고 싶은 모양이다. 그렇다면 물음을 좀 더 날카롭게 가다듬을 필요가 있다. 관심을 받고 싶어 하는 그 남성은 대체 누구인가? 외모를 중시해서 첫 만남부터 젖가슴과 엉덩이부터 보는 남성에게 관심을 받고 싶은 여인은 실제로 운동과 화장, 곧 외모에만 집중하라.

남성이 특정 연령대 이상의 여성은 더는 뒤돌아보지 않는다는 속설은 상당히 넓게 퍼져 있다. 그러나 정말 여성은 남성이 뒤를 돌아보거나 공사판 인부처럼 휘파람을 불어주기를 바라는가? 제발 솔직해지자! 여성에게 그런 것이 소중한가? 내가 그래도 예쁜가 보네 하는 약간 으쓱한 마음이 생길지도 모른다. 그러나 그런 관심은 인격체가 아니라 젖가슴과 엉덩이 혹은 오로지 그저 섹시한 의상에만 꽂힌 것이 아닌가! 우리 여성이 남성이 뒤돌아보는 것을 자존감의 척도로 삼아야 할 정도밖에 되지 않는가? 나는 눈길을 마주 보지 못하고 피하는 남성을 보면 훨씬 더 불쾌하다!

남성이 50대 이상의 여성은 쳐다보지도 않는다거나, 더욱 괘씸하게 아예 무시한다는 것은 말이 되지 않는 소리다. 그러나 안타깝게도 이런 이야기에 흔들리는 여성이 너무 많다. 정말 아무 남성도 관심을 가져주지 않는다는 느낌으로 괴로운가? 그렇다면 이 장의 끝에 있는 연습을 충실하게 해보자.

자존감은 마법의 힘을 발휘한다

세상에서 가장 완벽한 외모를 자랑하는 여성이라 할지라도 자존감이 발산하는 매력이 없다면 누구의 마음도 오래 사로잡을 수 없다. 반대로 외모는 완벽하지 않다 하더라도 자존감과 매력이 넘치는 여성을 보는 사람은 외모 따위는 의식하지 못한다.

자존감을 발산하는 사람은 믿기 힘들 정도로 광채를 자랑한다.

이런 남성과 여성은 드물지 않게 더 나은 미래를 꿈꾸는 전망을 가지고 사회적으로 헌신하는 자신의 독특한 길을 간다. 몇 년 전에 사회봉사 단체 'VdK 바이에른'˙˙에서 50대 플러스 세대를 대상으로 '인생의 얼굴들'이라는 제목으로 개최한 모델 선발 대회에서 준우승을 차지한 인물은 88세의 여성이다. 어떤 기업은 곧장 그녀를 자사의 모델로 채용했다. 그녀의 사진을 보는 사람은 당장 그 이유를 안다. 눈처럼 새하얀 은발과 빛나는 푸른 눈을 가진 마리나 리프케Marina Lippke의 얼굴은 생동감과 활력이 넘친다. 그녀의 얼굴은 보는 것만으로도 사람의 마음을 사로잡는다. 그녀가 살아온 인생역정은 목표와 이상으로 넘쳐난다. 그녀는 두 곳의 '발도르프 학교'˙를 세웠으며, 87세에도 아이들을 직접 가르쳐 독일 정부로부터 연방공로십자훈장을 받았다.

기쁨으로 충만하고 밀도 높은 삶을 살아온 사람은 아름답고 젊다. 이것이야말로 진정한 미용의 비결이다. 이런 비결은 선전되는 일은 별로 없지만, 어떤 연령대에서도 활용할 수 있다. 얼굴에 얼마나 주름이 많든, 머리가 이미 희끗희끗하든, 날씬함과는 거리가 멀 정도로 살이 쪘든 전혀 상관없이 이런 비결은 효력을 발휘한다.

• VdK 바이에른(VdK Bayern): 1950년에 설립된, 190만 명의 회원을 가진 독일 최대의 사회봉사 단체. 'VdK'는 'Verband der Kriegsbeschädigten'의 약어로 '전쟁 피해자 단체'라는 뜻이다.
• 발도르프 학교(Waldorf Schule): 발도르프 교육은 오스트리아의 인지학자 루돌프 슈타이너(Rudolf Steiner)가 제시한 교육 사상에 기반을 두고 독일에서 시작된 대안 교육이다. 발도르프 학교는 그 교육을 실시하는 교육 기관이다.

삶의 활력으로 빛나는 여성과 처음 만난 남성은 여성의 머리에 새치가 보이든, 입가에 주름이 많든, 조금도 문제 삼지 않고 진지한 관심을 보이리라. 남성은 그녀의 환한 미소, 무어라 설명하기 힘든 빛남만 기억할 게 틀림없다. 그러니 우리도 이런 쪽에 초점을 맞추자. 이런 비결은 크림과 보톡스보다 훨씬 더 믿을 만하며, 더욱이 우리 자신에게 진정한 도움을 준다.

자신감, 열정, 활력, 꿈으로 얻어지는 아름다움은 단순한 간판 이상의 것이다. 이런 아름다움은 나이를 먹는다고 해서 무너지지 않는 강점을 가진다.

"어떤 나이에도 섹시함을 유지하라"

우리는 어떤 나이에도 섹시해야 한다. 이 말은 드레이크와 미들턴이 『당신은 생각하는 만큼 젊을 수 있다』라는 책에서 쓴 말이다.

아니, 나는 반전을 일으켜, 나 자신의 말을 뒤집을 생각은 없다. 오히려 독자 여러분은 드레이크와 미들턴이 이 문장에 담은 진의를 확인하고 깜짝 놀라리라. 노년의 섹시함은 화장과 성형으로는 거의 가망이 없는 노릇이라고 두 저자는 설명한다. 화장과 성형은 바로 '꾸밈', 곧 더 낫게 보이려는 희망으로 빚은 포장이기에 활력이 넘치는 노년을 위한 전략으로는 상대적으로 쓸모가 없다고 두 저자는 강조한다. 젊은 생각, 이것이 바로 당신을 섹시하고 매력적으로 만들어주는 것이라는 것이 두 저자의 진단이다.

젊은 생각이 섹시함을 만들어준다? 아마도 독자 여러분은 이게 무슨 뜻일까 궁금해하리라. 그 정확한 뜻은 이 책이 내내 강조해온 바로 그것이다.

우리는 사회의 통상적인 관점에 너무 깊숙이 젖은 나머지 '젊음'이라는 말에 자동적으로 매력과 아름다움을 떠올린다. 독자 여러분도 직접 자신의 생각을 테스트해보라. 만약 어떤 남성이 더 젊은 여성 때문에 아내를 버렸다는 말을 듣는다면, 가장 먼저 무슨 생각이 떠오르는가? 독자 여러분은 그거야 더 젊은 여성이 더 아름다운 몸을 가져서, 아내보다 '신선하다는 느낌'으로 더 매력적이니까 하고 생각할 확률이 높다. 그러나 거꾸로 이렇게 생각하는 사람은 드물다. 새로운 여성이 더 활력적이며, 적극적이고, 창의적이며, 유머가 뛰어나고, 더 자발적이라서 매력적이라고 말이다.

청컨대, 내 말을 잘못 이해하지 않았으면 한다. 문제의 초점은 젊음 대 늙음의 구도에 맞춰져 있지 않다. 내가 가장 큰 관심을 가지는 문제는 독자 여러분이 젊음은 오로지 또는 일차적으로 물리적 아름다움이라는 뿌리 깊은 생각에서 조금이라도 벗어났으면 하는 것이다.

나는 독자 여러분이 젊음을 완벽한 '생물적 상태'로 정의함으로써, 젊음은 곧 과거의 것이라는 생각을 버리도록 자극을 주고 싶다. 젊은 생각과 아름다움은 과거의 것이 아니다.

나는 다시금 드레이크와 미들턴의 훨씬 더 적확하고 핵심적인 정의를 인용하고 싶다. "젊음은 의식의 상태다." 두 저자는 이 말을 이렇게 풀어준다. "중요한 것은 상상력의 가치, 느낌의 힘, 행동하려는 의지이다."

상상력과 느낌과 행동하려는 의지 가운데 노년에 더는 실현하거나 살려낼 수 없는 것이 무엇인가? 독자 여러분이 나에게 말해주기 바란다.

연습 13

나를 쳐다보는 남성은 아무도 없네

약속했듯 이 연습은 위의 제목처럼 생각하는 독자를 위한 것이다. 이런 경험 혹은 느낌으로 내가 더는 매력적이지 않구나 하는 생각에 괴로워하는 독자에게 분명히 말하겠다. 나는 그렇게 믿지 않는다.

맞다. 정확히 읽었다. 나는 독자 여러분을 개인적으로 알지 못하지만 남성이 당신을 주목하지 않을 정도로 당신이 매력적이지 않다는 것을 믿지 않는다. 50대, 60대 혹은 70대든 상관없이!

오히려 나는 당신이 매년 나이를 한 살 더 먹을 때마다 자신에게 이제 늙었구나, 더는 예전처럼 젊고 예쁘지 않구나 하고 주문을 걸어왔다고 믿는다. 그리고 또 정확히 이런 생각이 당신의 태도를 바꿔놓았다고 믿는다. 그리고 이렇게 변화한 태도, 곧 당신의 태도는 당신이 원하는 것과는 반대의 효과를 내게 만드는 신호를 보낸다.

여기 좋은 소식이 있다. 좋은 소식이란 이런 부정적 관점은 바꿀 수 있다는 것이다.

이제 실험을 하나 제안하겠다. 독자 여러분이 성공하리라 확신한다. 아마도 단박에. 아니면 좀 더 뒤에. 그러나 보장하건대, 더 나은 쪽으로 변화는 분명 일어난다.

실험에 앞서 몇 가지 주의 사항부터 살펴보자. 이 연습을 위해 따로 무슨 특별한 준비, 특히 외적으로 꾸미는 일은 하지 말자. 미용실을 가거나, 옷장에서 가장 예쁜 옷을 찾거나, 어떤 보석이 가장 잘 어울릴지 고민하지 말자. 최신 패션 혹은 라이프 스타일 운운하는 여성 잡지의 장광설일랑 깨끗이 잊자. 오히려 내면의 좋은 것, 아름다운 것, 긍정적인 것을 의식하고 바깥으로 드러내려는 시도가 필요하다. 거꾸로 외적인 것이 내면을 지배하는 일이 없도록 주의하자. 이 연습이 전혀 성공하지 못할 경우에만 우리는 외적인 문제로 다시 돌아올 것이다.

| 1단계 : 시선을 들자 |

일제 페타우가 말했던 '당당함을 잃지 않는 삶의 자세'를 기억하는가? 다음번에 도심에 나가거든 자신이 어떻게 걷는지 주목하자. 고개를 푹 숙이고 거리를 걷는가? 아니면 전방을 주시하며 꼿꼿한 자세로 걷는가? 당신의 시선을 사로잡는 남성을 발견하는가? 또는 어떻게 해야 멋진 남성을 발견할 수 있을까? 바닥을 보고 걷는데 그런 남성이 어디 있는지 찾아낼 수 있을까?

이 첫 번째 작은 실험이 어땠는지 잠시 시간을 내서 적어보자. 실험이 당신에게 맞았는가? 그 어떤 작은 '아하!' 하는 체험을 했는가? 아니면 당신은 어차피 고개를 꼿꼿이 세우고 길을 걷기 때문에 이 실험은 당신과 상관이 없었는가? 그렇다면 두 번째 단계를 시작하자.

| 2단계 : 좋은 기분으로 도심을 걷자 |

뭔가 성공적이었다거나, 아주 예쁜 옷을 샀다거나, 누군가가 대단히 기쁘게 해주어 특히 기분이 좋은 날을 기다리자. 그런 다음 그 좋은 기분으로 온전히 의식해서, 그러나 의도적으로 꾸미지는 말고, 도심을 걷자. 아마도 당신은 예전보다 더 꼿꼿하게 고개를 들리라. 이번에도 누군가 당신을 지켜보는지 유념하자. 그러나 일부러 찾지는 말자.

그저 좋은 기분으로 아무 의도가 없이 도심을 활보하자. '어떤 남성이 나를 지켜보는지 확인해야만 하는데…….' 하는 생각은 하지 말자. 그 대신 '이건 나 자신을 위한 거야! 좋은 기분으로 도심을 걸으면 어떤지 느껴보고 싶어.' 하고 생각하자.

그냥 산책하며 주변에서 일어나는 반응을 유념하자. 그저 잠깐만 그런 반응을 살피자. 다시 말해서 주변을 의식하지는 말고 자연스럽게 걷는 자세를 유지하자.

이 단계에서도 당신의 느낌과 그때 떠오르는 생각을 적어보자.

| 3단계 : 주변을 살피자! |

이 세 번째 단계도 기분이 좋을 때 실행에 옮기는 것이 가장 좋다.

앞선 단계에서는 그저 도심을 산책하며 어떤 기분이 드는지 의식했다. 다시 말해서 당신의 의식이 산책을 동반했다.

세 번째 단계에서는 좀 더 적극적인 의식을 가지고 주변을 살피며 거리를 걷자. 의식적으로 주변을 둘러보자. 그렇다고 남성들을 목표로 똑바로 보라는 말은 아니다. 그저 평소보다 주변을 더 의식해서 살피며 소소한 변화를 감지하자. 말하자면 의식적으로 거리를 살피며 걷자. 예전에는 전혀 주목하지 못했던 것들에 '어, 이런 게 있었네!' 하며 당신은 감탄할 게 틀림없다. 이렇게 발견하는 아름다운 것을 마음껏 즐기자.

그런 다음 이 단계에서 어떤 느낌을 가졌는지 써보자. 앞 단계와 어떤 차이가 있는가? 어떤 변화가, 사소한 것이라 할지라도 변화가 있는가? 거리의 카페에 앉아 예전과는 달라진 주변을 보며 가진 느낌을 적어보자.

| 4단계 : 사람들을 살펴보자! |

이 네 번째 단계는 들뜬 기분이 아닐 때 하는 것이 더 좋다. 흥분하면 집중하기 힘들어 너무 많은 에너지가 허비될 수 있다. 차분한 마음가짐일 때 이 단계는 가장 잘 성공할 수 있다. 그러니까 좋은 기분이기는 하되, 너무 들뜨지 않은, 오히려 침착하고 균형이 잡힌 상태가 가장 좋다. 예를 들어 요가 강좌에 참여한 다음에, 또는 명상을 하거나, 클래식 콘서트나 아름다운 낭독 모임에 참여하고 난 다음에 이 단계를 실행에 옮기자. 차분한 마음가짐이 가장 좋다.

새롭게 도심을 산책하자. 그냥 걷기만 하자. 그러나 이번에는 마주치는 사람들을 살펴보자. 물론 의도적으로 자세히 보라는 말이 아니다. 그냥 마주치는 남성, 여성, 아이 또는 강아지를 살펴보자. 생명체의 생명을 느껴보자. 빠짐없이 모든 것을 살피라는 말은 아니다. 그저 주변을 죽 둘러보라. 목표 없이, 그러나 살피며!

아마도 이 단계에 실험은 본격적으로 흥미진진해질 것이다. 앞 단계에서 얻은 느낌들과 지금의 느낌을 비교해보자. 여전히 사람(남성)이 당신을 보지 않는다고 느끼는가?

| 5단계 : 마음의 문을 열자! |

이제부터 본격적인 달인의 경지가 열린다. 이 단계는 앞 단계들을 잘 실행해냈다는 느낌을 가질 때에만 시도하도록 충고한다. 말하자면 앞 단계들을 '물 흐르듯' 해낼 때 이 단계를 시도해야 한다. 그렇지 않다면 앞 단계들을 반복하라. 아마도 일단은 앞 단계에서 얻은 체험만으로도 충분할 독자가 적지 않으리라.

이 다섯 번째 단계를 완수하면 분명 당신은 남성의 눈길을 끌어모을 줄 아는 흥미로운 여성임이 분명해지리라. 나이? 나이 따위는 상관없다.

실험의 이 마지막 단계는 앞선 네 단계들을 종합해내야만 하는 것이다. 고개를 들고(이제는 자동으로 고개를 들 것이 분명하다), 좋은 기분으로 차분하게 거리를 걸으며 모든 것, 특히 사람을 의식하자.

이제는 마주치는 사람들에게 짧은 침묵의 '안녕!'이나, '나는 너를 보고 있어.' 또는 '너 잘생겼다.' 하는 신호를 보내자. 모든 것이 눈길 안에 담겨야 한다. 미소 짓는 눈길로 보자. 남성이든 여성이든 성별을 가리지 말고 아름다움, 흥미로움, 산뜻함 등을 찾는 눈길이어야 한다.

직접적이고 노골적인 눈길을 말하는 것이 아니다. 아주 잠깐 새긴다는 느낌으로 부드럽게, 그러나 의식적으로 바라보는 눈길이어야 한다. 이 단계를 성공적으로 완수한다면, 남성만 당신을 바라보는 게 아니라, 모든 사람이 당신을 흥미롭게 살피리라고 나는 보장할 수 있다.

마지막으로 이 실험의 모든 단계들을 평가하자. 잘 치러내서 성과가 고무적이라면 다른 여성들에게도 이 방법을 추천해주기 바란다.

전혀 성공하지 못했다는 느낌이 든다면, 진짜 이런 느낌이 들 때에만 비로소 의상, 미용, 장신구 등 몇몇 보조 수단을 활용해보라. 나라면 한 잔의 샴페인이 좋다고 생각한다. 그러나 이런 것은 정말 보조 수단, 곧 과제 수행을 손쉽게 해주는 보조 수단으로만 이해해야지, 해결책이 되어서는 안 된다.

당신이라면 이 장과 미의 여왕 일제 페타우에게서
어떤 개인적인 교훈을 이끌어낼까?

일제 페타우는 당신에게 개인적으로 어떤 영감을 주었는지 메모해보라.
이 장에서 읽은 내용 가운데 어떤 것을 당신은 실현시키고 싶은가?

◦ 이 장에서 살핀 사례는 나에게 개인적으로 무엇을 말해주었나?

◦ 나는 구체적으로 어떤 대책을 세울까?

제2부

미래를 의식적으로
설계하고 확장하자

앞서의 일곱 개 장은 '노년을 바라보는 생각을 물구나무 세우자'라는 제목 아래 무엇보다도, 일반의 통념과는 달리, 노년의 부정적인 현상이 반드시 나타나는 것이 아니라는 점을 독자 여러분에게 보여주었다.

비록 노년이 되면 질병, 제약, 외로움을 피할 수 없다고 생각하는 사람과, 늙어갈수록 정신적 능력이 떨어지고 더는 매력적이지 않다고 믿는 사람이 많기는 하지만, 노년이라고 해서 반드시 그런 것은 아니다. 우리는 이런 부정적인 시나리오가 현실이 되지 않도록 스스로 많은 일을 할 수 있다.

앞선 연습들을 통해 독자 여러분은 이런저런 통념을 버릴 수 있는 감각을 키웠으리라. 이처럼 관점을 바꾸기만 해도 노년을 바라보는 두려움이 상당히 줄어든다는 점을 독자 여러분은 체감했으리라 믿는다.

흔히 말하는 '어쩔 수 없는 현실'이 정말 그럴 수밖에 없는지, 그런 관점의 배경을 캐묻는 일은 우리를 새로운 인생으로 이끄는 첫걸음으로 중요하다. 이런 첫걸음을 떼어야만 다른 경험이 허용될 뿐만 아니라, 의식적으로, 무엇보다도 적극적으로 확장하는 태도 역시 얻어진다.

노년을 두고 흔히 말해지는 것이 비록 완전히 틀린 것은 아니라 하더라도 어디까지나 부분적인 현실이라는 점을 의식하지 못하는 한, 우리는 언제나 대중과 다르게 생각하고 행동하는 것이 불안하고 초조할 수밖에 없다. 가까운 주변에서 좋은 뜻으로 걱정해주는 경우에 이런 불안과 걱정은 더 커지기만 한다.

바로 그런 이유로 새로운 관점을 확장하고, 더욱 건설적인 '실천'을 위해 노력하는 자세가 중요하다. 이후의 장들은 독자 여러분이 자신의 길을 갈 수 있도록 힘을 북돋워주고, 생각을 더욱 깊게 하며, 자신의 생활 범위를 꾸준히 늘려갈 수 있도록 격려하고자 하는 뜻을 담았다.

직업, 소명감은
오래도록 젊음을 지켜준다

열정의 곡예사
콘라트 투라노, 98세

독일 출신의 콘라트 투라노Konrad Thurano는 생시에 세계에서 가장 연로한 곡예사였다. 그는 2007년 98세를 일기로 작고했다.

그는 생애의 마지막 순간까지 자신의 삶 자체였던 외줄에 올라 묘기를 보였다. 줄에 매달려 '손가락만으로' 하는 턱걸이가 그의 특기였다. 그는 장난꾸러기 소년 같은 미소를 지으며 기자들 앞에서 98세 생일에도 이 특기를 선보였다.

투라노는 언제나 모험을 즐기는 생동감을 자랑하며, 무한한 낙관주의를 뽐냈다고 어떤 기자는 이 고령의 곡예사를 묘사했다. 그러나 콘라트 투라노는 자신의 생동감을 키울 특별한 비법은 가지고 있지 않았던 것으로 보인다. 그는 지극히 평범한 식사를 하며, 집의 운동 기구에서 그저 몇 킬로미터 정도 뛸 뿐이라고 어떤 인터뷰에서 말했다. 그렇다면 세계에서 가장 연로한 이 곡예사의 비결은 무엇일까? 그것은 곧 직업을 사랑하는 그의 마음가짐이다.

"이 직업은 타고난 것이오. 한 번 더 산다면 나는 기꺼이 똑같은 직업을 택할 거요." 콘라트 투라노가 자신의 인생을 집약한 표현이다. 그는 15세에 이 일을 시작했다. 그렇지만 어려서도 항상 서커스에 열광했다. 그것이 그의 세계였다. 언제나.

그는 밝게 웃는 얼굴들을 보는 것이 좋으며, 곡예사로 살기로 결정한 것을 단 한 번도 후회하지 않았다고 늘 강조했다. 관객의 웃는 얼굴을 사랑하는 콘라트 투라노의 열정에 화답하듯, 사람들은 아주 먼 곳에서조차 멋과 재기 발랄함과 빛나는 카리스마로 모두를 사로잡는 투라노를 보러 찾아왔다. 그만큼 그는 관객의 사랑을 받았으며, 매 공연마다 더할 수 없는 진정성으로 무대를 빛냈다고 거의 모든 관련 보도는 묘사했다.

어떤 기자는 96세의 투라노를 두고 그의 프랑스적인 멋은 여성 관객으로 하여금 키스 모양의 입술로 환호를 보내게 만들었으며, 영국적인 유머는 아들과 무대 파트너에게 힘을 불어넣어주었고, 라틴아메리카적인 열정은 줄 위에서도 재킷을 벗는 여유를 발휘하게 했다고 썼다.

콘라트 투라노는 국제적 명성을 자랑하는 곡예사로 세계 각국을 떠돌아야만 하는 고단한 인생을 살았다. 도쿄와 라스베이거스 등지로 버라이어티쇼 공연을 다닌 그는 찰리 채플린, 새미 데이비스 주니어, 제리 루이스와 같은 위대한 스타와 함께 무대를 꾸몄다.* 그러

---

* 찰리 채플린(Charlie Chaplin: 1889~1977)은 영국 출신의 코미디언이자 영화감독이다. 새미 데이비스 주니어(Sammy Davis Jr.: 1925~1990)는 미국의 배우이자 가수이다. 제리 루이스(Jerry Lewis: 1926~2017)는 미국의 배우이자 영화감독이다.

나 그는 여행과 끊임없는 변화에도 결코 힘겨워하지 않았다. 자신이 하는 일과 직업에서 진정한 소명감을 느끼는 사람은 스트레스나 과로를 거의 알지 못한다.

밝은 성격과 진심으로 좋아하는 직업은 아무래도 건강한 장수를 누리는 비결인 모양이다.

콘라트 투라노는 우리에게 어떤 영감을 주나?

서커스의 이 위대한 스승은 우리에게 자신의 직업을 사랑한다는 것이 무엇을 뜻하는지 잘 보여준다. 이로써 그는 또한 자신의 참된 자아를 발견하면 고령에 이르기까지 조화롭고 평화로우며 충만한 삶을 사는 일이 가능함을 보여주는 모범이기도 하다.

만족스러운 노년은 이미 젊은 날의 직업으로 시작된다

나의 책『고령에 이르기까지 과감하게 인생을 즐기자』를 거론할 때마다 사람들은 이렇게 말하곤 한다. "나는 아직 멀었네." 이들은 아마도 '고령'이라는 단어에만 주목한 나머지 자신은 그런 책을 읽기에 아직은 젊다고 생각하는 모양이다. 고령이야 언젠가 '나중에' 오는 것이니까. 제목에서 고령과 인생을 연결해주는 '이르기까지'라는 단어를 흘려보는 사람은 너무 많다. 콘라트 투라노 같은 인물은 정확히 이 작은 단어의 함의를 몸소 보여주었다. 젊은 날에 고른 직업을 그는 평생 충실하게 감당하며 고령에 '이르기까지' 자신의 소명으로 여겼다.

아마 이렇게 생각하는 독자가 적지 않으리라. '도대체 누가 투라노처럼 98세까지 일하려 하겠어?!' 정확히 이런 생각 안에 착각이 숨어 있다.

투라노는 '일^{Arbeit}'이 아니라 '직업^{Beruf}•'이라고 이야기했다. 자신의 직업을 천직으로 여기는 다른 사람들에게서 우리는 정확히 이런 소명 의식을 발견한다. 이런 사람들은 하루에 12시간을 일에 매달리면서도 이렇게 말한다. "내가 하는 건 일이 아니야."

우리는 '소명 의식'이라는 단어를 흔히 목사, 위대한 예술가, 혁명가 등에만 적용해 쓴다. 좋은 직업은 우리의 성향과 특징, 곧 재능과 맞는다고 우리는 생각한다. 그럼에도 우리는 직업을 '일'이나 '돈벌이'라고 낮춰 말하곤 한다. 내키지 않는다는 투가 역력히 드러나는 표현이다. 돈벌이는 때에 따라 얼마든지 바꿔치울 수 있다. 일은 성과를 연상케 하며, 그런 점에서 부담스럽다. 그러나 좋은 의미의 직업은 자아 실현을 추구하는 것이며, 종종 자신의 재능과 능력을 다른 사람이나 사회에 보탬이 되도록 쓰는 것이다. '직업'은 고령에 이르기까지 얼마든지 기쁜 마음으로 할 수 있다. 소명 의식을 가진 사람에게 직업은 단순한 '일'이 아니다.

경제와 정치는 우리가 노년까지 일하기를 바란다. 이런 맥락에서

• 독일어 베루프(Beruf)에는 '직업'이라는 뜻과 함께 '천직, 사명'이라는 뜻이 있다.

일은 '생산 활동'을 해야만 한다는 뜻이다. 그러나 우리의 관심은 내면에 숨은 것, 우리를 바로 우리 자신으로 만들어주는 것, 이른바 '정체성'을 이끌어낼 수 있는 것에 쏠린다. 정체성에 맞는 일을 찾아냈다면 우리는 흔쾌히 더 오래 '일하기를 원한다'. 하는 일이 즐겁고 기쁘며 충족감을 가져다주기 때문이다.

소명 의식은 치과의사든 자동차 수리공이든 상관하지 않는다. 또는 재능에 따라 미용사가 되든 술집 주인이 되든 소명 의식은 자부심을 가지게 한다. 바로 내 자리구나 하고 느끼는 일자리는 우리 자신을 행복하게 만들 뿐만 아니라, 투라노처럼 세상에 많은 것을 베풀 수 있게 해준다. 콘라트 투라노의 사례를 고른 이유는 바로 이것이다. 그는 '더도 덜도 말고' 서커스 곡예사이다. 무슨 거창한 학업으로 석사 학위나 박사 학위를 딴 것도 아니다. 그러나 그는 자신의 직업에 만족해 행복을 누렸다. 그리고 그는 사람들에게 즐거움을 선물할 줄 알았다. 이로써 그는 세상에 인간다움을 베풀어주었다.

콘라트 투라노의 멋들어진 표현은 우리가 인생의 지침으로 새길 물음으로 알맞다. "다시 한 번 인생을 살 수 있다면, 나는 같은 일을 다시 할까?" 이 물음에 얼마나 많은 사람들이 긍정적 답을 내놓을 수 있을까?

아마도 독자 여러분은 지금 내가 서두에서 한 말, 곧 노년은 '나중에' 오는 것이 아니라고 한 말을 더 잘 이해할 수 있으리라. 좋은 노년은 이미 젊은 시절에, 곧 자신이 어떤 사람이 될지 선택하는 젊은 시절에 시작된다.

강한 소명감을 이미 아주 어린 나이에 느끼는 사람은 드물지 않다. 이들은 자신의 꿈을 부모와 가족을 상대로 설득해가며 자신의 고유한 길을 가려 투쟁하기도 한다. 특히 예술가가 이런 고난의 길을 걷는다.

방송에서는 우도 위르겐스*의 80세 생일을 맞아 그의 삶을 다룬 기록 영화를 방영했다. 물론 그의 음악을 좋아하지 않는 독자도 없지는 않으리라. 그러나 우리의 관심은 그의 음악이 아니라, 그의 인생 역정에 있기 때문에 그런 호불호는 중요하지 않다. 어려서부터 그는 오로지 한 가지만 원했다. 음악을 하는 것! 청소년 시절 그는 학교를 그만두면서 음악과 더불어 살겠다고 말했다. 그저 삼류 음악가가 되거나 호텔 피아니스트로 일할 뿐일지라도 사무실에 앉아 있는 것보다는 훨씬 더 낫다고도 했다. 우도 위르겐스가 자신을 두고 한 바로 이 말이 '소명'을 따르는 사람이 하는 것이다. 인습을 싫어하고 개방적이었던 부모는 아들의 결심을 받아들였지만, 대기업을 소유한 보켈만 가문은 오랫동안 우도를 가문의 일원으로 인정하지 않았다. 그러나 위르겐스는 자신의 소명을 따른 덕분에 80세가 되어서도 너끈하게 콘서트홀을 관객으로 가득 채울 정도의 명성을 얻었다.

• 우도 위르겐스(Udo Jürgens: 1934~2014): 오스트리아의 작곡가이자 피아니스트이며 가수. 독일어권에서 가장 많은 앨범 판매 기록을 가진 인물이다. 본명은 우도 보켈만(Udo Bockelmann)이며, 보켈만 가문은 오스트리아에서 대기업을 운영하는 부유층이다.

우도 위르겐스의 사례는 우리에게 무엇을 의미할까? 우리는 자신을 성찰하고 인생에서 무엇을 실현했는지 생각해볼 기회로 이 사례를 활용해야 한다. 자신의 정체성으로 인도하는 붉은 실타래*를 일관되게 따르면서 살다 보면 그만큼 더 행복한 노년을 맞이하게 된다.

아마 독자 여러분 가운데에는 이 글을 읽으며 '내가 직업을 잘 선택했구나!' 하는 생각에 행복해하는 사람이 분명 있으리라.

그러나 소명을 따르지 않고 그저 돈벌이에 급급한 일을 택한 것은 아닐까 하는 느낌(혹은 이미 오래전부터의 확신)으로 불안하고 괴로운 독자도 있을 것이다.

위로가 될지는 모르지만, 나는 그동안 자신의 일에 만족하기보다 그러지 못하는 사람을 훨씬 더 자주 보았다. "나는 정말이지 나에게 꼭 맞는 일을 하고 있어." 빛나는 표정으로 이렇게 말하는 사람은 보기 드문 것이 사실이다. 안타깝지만 우리 사회는 신분을 중시하며, 그런 탓에 부모 역시 안정적인 직업만 선호한다. 우리 자신도 크게 다르지 않다. 그러나 바로 이런 태도 탓에 젊은이들이 잘못된 방향으로 직업을 선택하고 만다.

잘못된 선택의 결과 너무 많은 사람들이 자신의 재능과 성향을 따르지 못하는 삶을 산다.

자신에게 맞지 않는 일은 스트레스만 줄 뿐이다. 자신에게 맞지

---

* 이 장의 제목과 이 문장에 등장하는 '붉은 실타래'는 그리스신화에서 아리아드네가 테세우스에게 주어 그가 미노타우로스의 미로에서 빠져나올 수 있게 해준 실을 말한다. '붉은 실타래'는 인생을 이끌어 구원으로 인도한다는 비유로 쓰인다.

않는 직업은 불만을 낳는다. 스트레스와 불만은 사람을 병들게 만든다. 병은 우리를 늙게 한다.

자신에게 맞지 않는 직업이나 일에 사로잡힌 사람은 어떻게 해야 할까? 또는 전혀 다른 것을 실현하고자 하는 갈망을 여전히 느끼는 사람이라면? 포기하지 말자! 인생은 우리의 근원적인 재능과 갈망을 실현시킬 기회를 항상 베푼다.

인생의 꿈을 결코 포기하지 말자!

클라우스 귄터Claus Günther는 현재 83세로, 자신의 소명에 맞는 일, 곧 글쓰기를 한다. 작가가 되는 것은 어려서부터 품어온 그의 꿈이었다. 그는 이미 13세에 습작을 시작했으며, 곧 유명해질 거라는 부푼 기대로 심지어 필명까지 지어두었다. 자신이 쓴 글이 신문에 발표될 때의 기쁨이라니! 가장 친한 친구가 자신이 쓴 소설을 냉철하게 비판할 때의 실망이라니! 묘하게도 그는 이 소설에 '붉은 실타래'라는 제목을 붙였다. 그러나 붉은 실타래는 오랫동안 든든하고 확실한 동아줄로 발전하지 못했다. 당장 먹고살기 위해 거친 일련의 직업은 마치 '빙빙 돌아가는 우회로'만 같았다. 교정 교열, 인쇄소 영업직원, 출판사 편집자, 광고 카피라이터 등등은 그의 목적과 닮은 구석이 있기는 했지만, 그가 갈망해온 것은 전혀 아니었다.

이미 은퇴 연령대에 이르러서도 그는 포기하지 않았다. 70세에 그는 독일 북부 지방의 사투리 특성을 살린 글을 쓰기 시작했다.

그가 쓴 작품이 인쇄되어 두 권의 북부 지방 사투리 책이 나왔다. 마침내 그는 풍자 작가로 데뷔했다. 드디어 우회로는 목표를 향해 곧장 나아가는 '소명의 직선로'로 바뀌기 시작했다. 80세가 넘어 클라우스 귄터는 함부르크의 가장 연로한 현대 작가가 되었다.

그러나 그는 더욱 노력해 독일의 과거를 다룬 책을 쓰기 시작했다. 자신이 어린 시절과 청소년기에 경험한 독일을 그대로 묘사하는 책이다. 그는 역사책에는 나오지 않는 것을 쓰고 싶다고 했다. 이번에도 그는 70년 전 자신의 친구에게 실패한 작품을 보여줬던 것처럼 다른 사람에게 원고를 읽어보라고 했다.

이번의 평가는 달랐다. "자네가 글쓰기를 배운 건 이 책을 쓰기 위해서였군." 70년 만에 클라우스 귄터는 드디어 자신의 꿈을 이루었다.

클라우스 귄터처럼 본래 자신의 목표와 비슷한 직업 활동을 하거나, 거리가 먼 분야에서 일한다 할지라도, 어떤 식으로든 길은 있게 마련이다. 용기를 가진 사람은 과감하게 자신의 꿈을 따른다. 그런 사례는 잘 나가던 경영자가 친환경 농법의 농부가 되었다거나, 금융 전문가가 이벤트 회사를 차려 성공했다거나, 보험 컨설턴트가 자신 안에 숨어 있던 음악가를 발견했다는 식으로 얼마든지 찾을 수 있다.

아프리카계 미국인이며 블루스 가수인 시드니 엘리스Sydney Ellis는 현재 67세로 열정이 가득 담긴 놀라운 음색으로 청중의 마음을 사로잡는다. 그녀는 44세에 가수 활동을 시작했다. 어떻게 그처럼 늦게 재능을 꽃피웠느냐는 나의 물음에 그녀는 단 한마디로 답했다. "내 남편이 가로막았어요." 그녀의 해법은 남편과 이혼하고 음악을 아는 남자와 재혼한 것이다.

누구나 과감하게 자신의 직업을 버리고 이에 따르는 경제적 타격을 감수할 용기를 가진 것은 아니다. 그러나 노력하는 사람에게 기회는 주어지게 마련이다.

미국인 도나 다울리스Donna Dowless는 연예 산업에서 성공적인 활동을 마치고 은퇴하고 나서야 비로소 그림을 그리기 시작했다. 그녀는 '자신 안에 숨은 재능'을 살려내는 인생을 살아야만 한다고 말한다. 비록 대단히 늦기는 했지만 그녀 자신은 이 말을 실천에 옮겼다. 그녀의 그림은 지금 전 세계적으로 유명한 화랑에 걸리거나 저명인사들이 앞다투어 사들여 소장하고 있다.

이런 방식으로 자신의 꿈을 실현할 수 없다고 할지라도, 최소한 꿈과 재능에 활력을 불어넣어줄 방법은 얼마든지 있다. 앞 장에서 다루었던 일제 페타우는 원래 무희가 되고 싶었다. 발레리나는 그녀 평생의 꿈이었지만 전혀 실현되지 못했다. 그녀의 남편은 모든 것이라도 바칠 정도로 페타우를 사랑하기는 했지만, 춤만큼은 질색했기 때문이다. 그렇지만 일제 페타우의 열망은 다른 길을 찾아냈다. 발레 무대에 단역으로 출연하거나, 발레리나의 자녀들을 돌봐주거나, 손녀와 발레 연습을 했으며, 혼자 있을 때 주방에서 발레를 추는 등 그녀는 자신의 열정을 조금이라도 달래줄 방법을 찾아내곤 했다. 아마 미스 시니어 베를린 선발 대회에서 사람들은 정확히 그녀의 이런 면모도 주목했으리라.

위르겐 쇤펠트Jürgen Schönfeld의 경우도 마찬가지다. 왕년의 직장 동료들은 그를 보며 항상 이렇게 말했다. "저 친구가 그림 그리기를 멈춘다면 죽은 거야." 위르겐 쇤펠트가 그림에 보인 열정은 아마도 그의 숨은 소명이었던 모양이다. 어쨌거나 그는 이 열정을 위해 많은 것을 희생했다. 우체국에서 일하다 은퇴한 그의 연금은 조촐하기만 했다. 그럼에도 그는 매달 80유로를 아틀리에 비용으로 썼다. 그에게 작은 제국이나 다름없는 아틀리에는 매우 추웠다. 그의 조촐한 연금으로는 난방에 들어가는 14유로를 감당할 수 없었기 때문이다. 그는 당뇨병을 앓았으며 관절염과 싸우기도 했지만, 자신의 인생을 아름답다고 여겼다. "아름다움을 볼 수 있는 한, 인간은 절대 늙지 않는다."라는 카프카의 말을 그는 즐겨 인용했다. 주변은 물론이고 자신의 내면에서도 발견하는 아름다움 덕분에 그는 젊어 보였다. 비록 외모가 나이를 숨기지는 못한다 할지라도, 아름다움을 화폭에 잡아두려는 그의 열정만큼은 젊었다. 그의 손은 40대의 그것처럼 보였으며, 사물에서 아름다움을 읽어내는 그의 눈은 절대 기대를 배반하지 않았다. 그는 70세에도 세세한 부분을 정밀하게 묘사한 세밀화를 안경 없이 그렸다.

일제 페타우와 위르겐 쇤펠트는 꿈을 실현해낸 콘라트 투라노나 클라우스 귄터와는 성격이 다른 사례이기는 하다. 그러나 이들 역시 자신의 소명에 충실할 수 있는 방법을 보여준다.

개인적으로 걷는 길이나 해결책이 무엇이든, 우리는 우리 자신을 만들도록 우리를 이끄는 붉은 실타래를 손에서 놓치말아야만 한다.

인간은 그 고유한 정체성을 이루는 것에 가까이 갈수록 고령에 이르러 그만큼 인상적이고 독특한 인품을 자랑하게 된다. 이런 인물은 거의 모든 분야에서 어렵지 않게 찾아볼 수 있다. 『고령에 이르기까지 과감하게 인생을 즐기자』에서 나는 80대, 90대, 심지어 100대에서도 자신의 정체성을 생생하게 살려내는 삶을 사는 사람의 많은 사례를 보여주었다. 여성 무용수, 시골 의사, 보석 세공사, 도시 가이드, 운동선수, 여성 사업가 등등 그 면면은 다채롭기만 하다.

'하지만 붉은 실타래가 툭 끊어져버리면 어쩌지?' 독자는 이런 의문을 품을 수 있다. 일자리를 잃거나, 병으로 인생의 꿈이 좌절되고 만다면 어떻게 할까?

답은 놀랍고도 간단하다. 붉은 실타래는 결코 끊어지지 않는다. 자신의 정체성으로 이끄는 붉은 실타래는 바로 우리 안에 있기 때문이다. 우리는 자신의 고유한 정체성으로 이끄는 붉은 실타래를 놓치거나, 무시하거나, 잊어버리거나 또는 주의하지 않을 수는 있다. 그러나 붉은 실 자체는 결코 '끊어지는 것'이 아니다. 끊어진다는 것은 곧 우리 자신이 더는 존재하지 않음을 뜻하기 때문이다.

이는 곧 우리가 언제라도 자신의 정체성을 다시 살려낼 수 있음을 의미한다. 한동안 잊고 지냈거나 다른 길을 걸었다 할지라도 우리가 자각하기만 하면 그것을 되살려낼 수 있다. 모든 것은 우리 자신에게 달렸다.

연습 14

나의 꿈, 나의 재능 − 나의 자아

근원적인 정체성, 우리의 성향과 능력과 재능을 다룬 이 장은 '새로움에 도전할 용기'(95쪽)라는 제목의 장과 깊은 연관성을 가진다. 두 장 모두 용기를 요구한(또는 여전히 요구하는) 모험, 꿈, 희망 또는 계획을 다룬다.

아마도 지금 이 책을 읽는 독자는 이제 막 직업 선택의 기로에 선 젊은이가 아니라, 이미 어떤 직업을 배워 이런저런 활동을 하고 있으리라. 다시 말해서 이 장에 담긴 성찰은 독자 여러분의 정체성이 현재 어떤 상태에 있는지 그 현주소를 확인하려는 시도다.

가능한 시나리오는 최소한 세 가지다.

- 지금 현재 하고 있는 일 또는 직업에 전적으로 만족하는 경우
- 이미 얼마 전부터 불만을 느껴 무슨 변화가 일어나야만 한다고 느끼는 경우
- 만족하지 못하지만, 무얼 바꿀 수 없거나 바꾸기 곤란한 경우

| 지금 하는 일로 행복하다 |

지금 하는 일에 만족하며 충족감을 느껴 행복하다면 이 연습은 간단히 건너뛰어도 좋다. 또는 기적적인 잠재력을 더욱 끌어올리거나 더 깊게 천착할 방법이 무엇인지 성찰하는 기회로 이 연습을 활용하는 것도 좋다.

| 뭔가 변화가 일어나야 한다고 느낀다면 |

인생이 지금 하는 일보다 더 많은 것을 준비해두었다는 느낌이 강하다면, '새로움에 도전할 용기'에 담긴 생각을 되새길 필요가 있다. 문제가 되는 것은 정확히 우리 인생의 문을 노크한 희망, 꿈, 갈망이다. 자신의 꿈을 실현할 용기를 어떻게 이끌어낼지 우리는 그 방법을 찾아야 한다.

연습 10(107쪽)의 담력 체크만 보아도 무엇이 문제인지 드러난다. 직업을 바꾸는 일에는 대개 상당한 용기가 필요하다. 현재의 직업에 충족감을 느끼지 못한다면, 담력 체크로 되돌아가 지금껏 무엇 때문에 주저해온 것인지 검토해보는 자세가 요구된다.

책장을 앞으로 넘겨 담력 체크의 연습에서 자신이 써둔 내용을 다시 읽어볼 것을 권한다. 현재 하는 일과 관련해 아무것도 써둔 것이 없다면 다시 이 문제를 생각해보는 자세를 갖도록 하자. 일이나 활동, 현재의 직업에 만족을 느끼지 못하는 이유가 무엇일까?

떠오르는 생각을 가감 없이 써보자. 그런 다음 상관이나 동료, 급여, 출퇴근 시간 또는 당장 해결해야 하는 과제 따위와 관련한 것은 지우자. 이 연습에는 외적인 조건보다는 오로지 '내면의 목소리'를 드러내는 것만 가려내야 한다. 내면의 목소리는 대개 "원래 나는 항상 ……을 원했어."나 "할 수만 있다면 차라리 ……을 할 텐데." 하는 표현에 녹아들어 있다.

내면의 목소리와 관련한 것이 찾아지지 않는다면, 지금의 직업은 당신에게 맞는 것이다. 직업에 느끼는 불만은 이 직업의 형식이나 수행, 곧 외적인 조건에서 비롯된 것이다. 물론 이런 불만 역시 변화를 요구하기는 하지만, 이 책이 강조하는 의미의 변화는 아니다. 우리의 관심은 오직 직업상 하는 일이 '자아의 요구'와 맞물리는지 살피는 것이기 때문이다.

이처럼 실질적인 '필터링'을 통해 남는 답은 그저 가볍게 볼 수 없는 깊이를 가질 것이 분명하다. 이 답들을 차분히 살펴보자. 현재 상황에서 어떤 것이 바뀌어야 우리의 인생이 다르고 새로우며 좀 더 깊은 의미를 가질까?

이 물음을 직업 활동과 관련해 곱씹어보면서 95쪽으로 돌아가, '새로움에 도전할 용기'를 다시 차분히 읽어보자. 인생의 변화는 순전한 용기를 필요로 하기 때문이다.

| 만족하지 못하지만, 아무것도 바꿀 수 없다 |

아니다. 낙담할 필요는 없다. 직업적으로 볼 때 그냥 당신의 상황이 그런 것일 따름이다. 그렇지만 원한다면 이 경우에도 여러 가지 가능성이 있다. 앞 장에서 설명했던 대로, 내면이 갈망하는 자아실현과 의미 부여를 충족시킬 것이 무엇인지 정확히 알아내려는 태도가 중요하다. 지금은 공무원이지만 음악이 정말 하고 싶은가? 간절하게 교사가 되고 싶었는데, 현실은 치과의사 보조원인가? 자연과 동물을 좋아하는데, 산림관이나 수의사가 되지 못하고 사무실에서 컴퓨터 앞에 앉아 있는가?

좀 더 행복한 충만감을 느끼고 싶다면, 실망과 낙담으로 세월을 허송하고 싶지 않다면, 우리는 내면 깊숙이 숨은 갈망을 정확히 감지해내야만 한다. 자신의 진짜 재능이 무엇이고 어떤 일에 열광하는지 반드시 알아내야만 한다. 정말 잘할 수 있는 일인데 지금껏 기회를 잡지 못한 것은 무엇인가? 어떤 일에서 참된 기쁨을 느끼는가? 생각하기만 해도 가슴이 뛰는 열정이 느껴지는 일이 있는가?

당장 분명해지지 않는가? 우리 안에 숨어 있던 꿈이 생기를 얻어 나래를 펼치지 않는가? 혹은 더 깊이 파고들어야 할 수도 있다. 충분한 시간을 갖자. 빛이 바래거나 알아볼 수 없게 된, 또는 그동안 잊고 살았던 자아를 탐색하는 이 놀라운 과제를 위해 며칠 정도 저녁 시간을 할애해보는 것은 충분한 의미가 있다. 장담컨대 새로운 활력이, 뿌듯한 자신감이, 더 많은 용기가 새로운 계획을 활짝 펼쳐주리라.

기쁨을 느끼는 일이 여러 가지라면, 쭉정이와 알곡을 가려내는 작업이 반드시 필요하다. '그저 기쁘기만 한 일'은 골라내고 자신의 정체성에 가장 가까이 가는 일에 집중해야 진정한 소명 의식을 찾을 수 있다.

간단한 예를 하나 들어보자. 자연과 동물을 사랑하며, 정원을 좋아하고, 등산을 즐기며, 동물과 함께 있으면 기분이 좋다고 하자. 이 가운데 어떤 것이 자신의 정체성에 가장 가까울까? 정원을 돌보는 일이라면, 취미로 꽃을 가꾸는 동호회에 가입하자. 등산과 트레킹이 좋다면, 자연 해설가 코스에 등록하면 어떨까? 더욱이 자연을 다른 사람들과 함께 즐길 수 있지 않은가! 동물이 답이라면, 지역의 동물 보호 단체에 일단 자원봉사자로 등록하는 것도 한 방법이다.

이 연습이 실질적인 의미로 채워지려면, 가장 중요한 것은 '근원적인 정체성'을 알아내는 일이다. 확실한 정체성이 확보될 때, 앞서의 예처럼, 이를 살려낼 가장 적절한 방법을 찾을 수 있다.

정체성 탐색은 고령에 이르기까지 해결해야만 하는 과제를 위해 든든한 기초까지 다져준다. 그리고 또 인생의 의미를 충족시켜주는 것은 대개 다른 사람에게도 많은 것을 베풀어준다는 사실이 이 탐색으로 확인되리라. 우리 모두 이 놀라운 탐사 여행을 떠나자.

당신이라면 콘라트 투라노와 이 장의 사례들에서
어떤 개인적인 교훈을 이끌어낼까?

콘라트 투라노와 클라우스 귄터와 다른 사례들은 당신에게 개인적으
로 어떤 영감을 주었는지 메모해보라. 이 장에서 읽은 내용 가운데 어
떤 것을 당신은 실현시키고 싶은가?

◇ 이 장에서 살핀 사례는 나에게 개인적으로 무엇을 말해주었나?

_____

_____

_____

_____

◇ 나는 구체적으로 어떤 대책을 세울까?

_____

_____

_____

_____

늙음은 생각이 만든다.
젊음도 마찬가지다

자발적으로, 호기심을 가지고, 모험을 즐기자
연령 : 77세, 이름 : 하이디 헤처

많은 사람들이 이미 그녀를 알리라. 2014년 8월 초 그녀가 세계 일주를 위해 베를린을 출발했을 때 언론을 통해 그녀의 이름과 사진이 널리 알려졌다. 하이디 헤처Heidi Hetzer, 대단히 특이한 여성이다.

그녀의 특이함은 일관성이 있다. 즉, 그녀는 여성을 보는 사회의 통념을 차례로 무너뜨렸다. 여성과 기술, 여성과 자동차, 여성과 모험, 여성과 노년 등 그녀는 통상 여성에게는 맞지 않는다며 가로막은 담을 차례로 극복해냈다.

바꿔 말하면 그녀는 자동차 정비를 정식으로 배운 여성이며, 반평생 자동차 경주에 출전했으며, 빚으로 파산 지경에 몰린 가족 기업을 독일 최대의 '오펠Opel' 중개상으로 키웠다. 영리함이 반짝이는 그녀의 얼굴은 실제 나이보다 훨씬 더 젊게 보인다. 아무튼 하이디 헤처는 참으로 흥미로운 사람이다.

자동차 정비와 기업 활동과 관련한 전설을 빼면, 이 장을 쓰기에 중요한 하이디 헤처의 진면목이 고스란히 드러난다. 그녀는 자동차 경주에서 두각을 드러냈으며, 세계 일주에 도전하면서 개성을 마음껏 자랑했다.

만약 하이디 헤처를 찾는 수배 전단이 있다면 그 문구는 다음과 같으리라. "예측을 불허하는, 쉽게 파악되지 않는 여성, 특징: 대단히 역동적이며, 그 어떤 위험도 두려워하지 않음, 힌트: 언론이 '늙은 여인'이라 부르더라도 그런 표현은 무시할 것."

실제로 하이디 헤처는 열정, 자발성, 친화력을 자랑하는 소통, 모험 정신의 총화와도 같은 인물이다. "나는 자동차 없는 인생을 떠올릴 수가 없다." 언젠가 그녀가 직접 자신을 묘사한 글이다. "자동차는 내 열정 그 자체이다."

이런 열정은 그녀가 품은 필생의 꿈인 세계 일주로 정점을 찍었다. 이 세계 일주는 자동차 경주에 나갔던 클레레노레 슈틴네스 Clärenore Stinnes가 1927년에서 1929년에 걸쳐 했던 모험에서 영감을 얻은 것이다.

클래식카인 이른바 '올드타이머Oldtimer'를 타고 세계 일주를 한다는 것은 모험 정신, 탄력적인 사고방식, 위험을 두려워하지 않는 태도 등 모두 젊음의 특징으로 여겨지는 특성의 종합판이다. 실제로 하이디 헤처는 세계 일주를 하며 숱한 장애를 이겨내야만 했다. 이런 모험은 배낭여행을 즐기는 젊은이들에게서나 들을 수 있는 것이다.

하이디 헤처는 햇수로만 따진다면 77세이지만, 본질적으로 젊게 생각하고 느끼는 여성이다.

"나는 대단히 개방적이고 호기심이 많아 모든 것이 흥미롭다. 바로 그런 이유로 나는 아주 많은 사람들을 알며, 어디서나 오랜 지인을 만나고, 새롭게 맺은 만남에 기뻐한다." 그녀가 자신을 묘사한 글이다.

적극성, 호기심, 소통을 즐기는 친화력, 이 모두는 젊음의 특성이다. 하이디 헤처는 많은 일을 즉흥적으로 계획한다. 오늘 가서, 내일 돌아온다. 이것이 하이디 헤처다. 70대에 이런 인생을 즐길 줄 아는 사람은 90대를 걱정할 필요가 전혀 없다.

세계 일주를 하기 위해 출발하면서 그녀는 안팎의 젊음을 인상적으로 뽐냈다. 그녀가 여행을 위해 고른 첫 동승자인 사진작가 남성은 불과 며칠 뒤에 포기했다. 그에게는 세계 일주 전체가 너무 위험했다. 당시 그는 25세였다. "너무 겁을 내더군요." 하이디 헤처의 말이다. 아무래도 그녀의 '위험한' 운전 방식을 올바로 평가할 안목을 그는 갖추지 못했던 모양이다. 그러나 하이디 헤처는 거의 반평생 자동차 경주에 출전해 150번이 넘게 우승컵을 들어 올렸던 사람이다.

하이디 헤처는 우리에게 어떤 영감을 주나?

하이디 헤처는 단 두 단어로 요약될 수 있는 아주 다양한 특성과 행동 방식으로 우리에게 영감을 준다. 그것은 곧 '젊은 사고방식'이다.

하이디 헤처는 '젊은 두뇌'라는 것이 무엇인지 우리에게 보여준다. 앞서 인용한 바 있는 드레이크와 미들턴은 항상 '늙은 두뇌'와

'젊은 두뇌'의 차이를 강조했다. 신경학적인 의미에서 '젊은 두뇌'를 말하는 것이 아니다. 핵심은 젊은, 말 그대로 생동감에 넘치는 사고방식이다. 상상력, 열정, 호기심, 개방성, 모험 정신, 실천력 등이 젊은 사고방식의 특성이다.

인생을 바라보는 호기심

적극적이고 역동적인 모든 고령자에게서 공통으로 확인되는 특징은 인생을 바라보는 호기심이다. 이것이 그동안 나의 취재를 통해 얻은 핵심 결론이다. 후지산을 정복한 훌다 크룩스, 디지털 사진에 열광하는 헤르만 퓐더, 사람들을 보고 호기심에 눈을 반짝이는 필리스 셀프, 암벽 등반을 발견한 도리스 롱, 다시금 학업에 매진한 앨런 스튜어트, 페이스북에 흥미를 느낀 아이비 빈, 늘 새로운 이야깃거리를 찾는 클라우스 귄터, 이 모든 이들이 공통으로 보여준 것은 호기심이다.

어떻게 잘 늙어갈 수 있는가 하는 문제를 다룬 책은 많다. 그리고 흔히 그 비결로 '인생을 보는 긍정적 태도'를 꼽는다. 그러나 호기심이라는 단어는 드물게 등장한다.

'긍정적 태도'와 '인생을 바라보는 호기심' 사이의 차이는 무엇일까? 호기심은 미래 지향적이라는 것이 그 차이다. 긍정적 태도 역시 미래 지향적일 수는 있지만, 반드시 그런 것은 아니다.

호기심을 가지고 인생을 바라본다는 것은 내일 무엇이 올지, 인생이 무얼 베풀어줄지 긴장감을 가지고 기다린다는 뜻이다. 아직 새롭게 발견할 것이 있다는 기대감이 호기심이다. 정확히 이런 호기심이 노년, 특히 고령에 이르기까지 활력을 선보이는 사람들의 두드러진 특징이다. 사람은 나이를 먹어갈수록 그만큼 '미래'를 생각하지 않는 경향을 보인다. 그래서 실제로 흔히 듣는 말은 이것이다. "노년에는 미래가 없다."

그러나 이런 관점은 잘못된 것이다. 또는 '미래'를 매우 좁게 해석한 탓에 제한적인 타당성만 가지는 관점이다. 물론 80대가 50년의 미래를, 20대가 가졌다고 믿는 창창한 미래를 가지지는 않는다(그러나 20대의 미래라고 해서 확실한 것도 아니다). 그렇지만 '미래'는 내일 일어날 모든 것, 아니 한 시간 뒤에, 몇 분 뒤에 일어날 모든 것이다.

정확히 이렇게 이해한 미래 안에 '호기심'이라는 불로장생의 묘약이 가진 비밀이 숨겨져 있다. 이 묘약은 내가 보기에 그 어떤 약 또는 건강식품보다 훨씬 더 생동감을 불러일으킨다. 호기심 넘치는 정신을 간직한 사람은 하이디 헤처처럼 끊임없이 새로운 경험, 새로운 만남, 새로운 깨달음을 찾아 탐사 여행을 떠난다. 그런 사람은 삶과 생각에서 과거에 집착하는 일이 없다. 흘러가버린 기쁨을 두고 아쉬워하지 않으며, 놓친 기회에 투덜대지 않는다. 내일이면 얼마든지 새로운 기회가 찾아올 테니까.

많은 사람은, 대개 이미 젊은 시절에, 내일이 무엇을 가져다줄지 촉각을 세우고 기다리는 법을 잊어버리고 말았다. 무엇이 그 원인일까? 첫 번째 원인은 노년을 대하는 우리의 태도이며, 두 번째 원인은 판에 박은 것처럼 굳어진 생활 태도다. 이로써 우리는 이 장이 말하고 싶은 핵심에 도달했다.

노년을 두고 더는 새로울 것이 없다는 널리 퍼진, 또는 뿌리 깊은 생각이 문제의 핵심이다. 우리는 늦어도 40대나 50대에 '인생은 어떻게 사는 것'인지 안다고 믿는다. 자신을 둘러싸고 있는 사람들을 속속들이 안다고 착각한다.

일반적으로 우리는 '많은 일이 일어나는 활발한 인생'은 은퇴 연령대에 도달해 끝난다고 생각한다. 물론 이후에도 삶은 지속된다. 여행을 다니고, 취미를 가꾸며, 친구들과 만난다. 그러나 나이를 먹어가며 우리는 인생에서 얼마나 많은 새로움을 받아들일까?

10년 전에도 티롤의 같은 호텔에서 묵지 않았던가? 취미 생활에서 새로운 것을 발견하는가, 아니면 그저 익히 아는 것만 되풀이하는가? 친구들과 함께 똑같은 술집을 드나든 것이 벌써 몇 번째인가? 지난 10년 동안 새로운 친구를 사귀기는 했는가?

이런 것이 우리가 답해야만 할 물음이다.

인생에 열광하자

호기심은 지금 우리가 다루는 것과 다르게 해석되거나 이해되기도 하는 다채로운 개념이다. 호기심은 '어떤 것을 알고자 하는 의지'를 넘어서서 최악의 경우에는 새로움을 향한 '탐욕' 혹은 다른 사람의 인생에 간섭하는 것으로 여겨지기도 한다. 그러나 긍정적으로 이해한 호기심, 이 책이 강조하는 호기심은 인생에서 새로운 것을 발견하고 경험하는 즐거움을 먹고 산다. 호기심의 바탕을 이루는 것은 (아직) 알지 못하지만, 기꺼이 알고 싶은 어떤 것에 열광할 줄 아는 능력이다. 하이디 헤처의 말 그대로다. "언제나 아름답고 흥미로우며 무엇보다도 끊임없이 새로운 것이 많아요. 나는 이 모든 것을 체험하고 싶어요." 우리가 익히 아는 것을 넘어서서 인생이 베풀 수 있는 모든 것에 설레는 마음을 잘 보여주는 표현이다.

비록 많은 노인들이 잊고 살아가고 있지만, 이미 알고 있으며 좋아하는 것(이를테면 열정적으로 즐기는 취미)에 열광하는 일은 상대적으로 쉽다.

알지 못하는 것에 열광한다는 것은 훨씬 더 많은 것을 요구한다. 틀에 박힌 생활에서 벗어나 '의식적'으로 새로운 것을 받아들이려는 마음가짐은 반드시 필요하다. 이런 마음가짐이 없이 익숙함이라는 틀을 깨기는 어렵다. 그렇다고 해서 경험하고 체험하는 모든 것을 좋다고 하거나 자신의 삶에 받아들여야 한다는 뜻은 아니다. 단순하게 탐색하고 분류하며 탐지하고 시험해보는 자세가 호기심이다. 호기심은 열린 정신을 가져야만 한다. 그래야 받아들이고 허용하며 경청하는 자세가 생겨난다.

나이를 먹을수록 우리의 생활 환경은 갈수록 더 제한된다. 생활 환경이 갈수록 더 정확히 정해진다고나 할까. 독자 여러분도 직접 시험해보라. 클래식 음악을 좋아하는가? 혹시 꿈에서라도 팝 콘서트를 직접 찾아가볼 생각을 했는가? 그저 혹시 어떤 긍정적 효과를 일으킬 수 있는 것을 찾아보고 싶어서?

또는 어떤 특정 정당의 열혈 지지자인가? 다른 정당이 어떤 이념을 추구하는지 살펴본 일이 있는가? 더 나아가 반대 정당의 정책 가운데 정말 좋아 보이는 것이 있어 열광해본 경험이 있는가?

마음속으로 친구와 지인의 성향을 한번 정리해보자. '다양한' 사회, 문화, 정치 '색채'를 망라하고 있는가?

어린아이는 누구에게든 쉽게 다가간다. 청소년은 정말이지 새로운 것을 즐기는 실험 정신이 뛰어나다. 청년도 여전히 개방적이다. 그렇지만 나이를 먹을수록 그만큼 우리의 생활 환경은 좁아진다. 우리는 흔히 늘 같은 유형의 사람들과 어울리며, 익숙하고 편안한 생활 환경에만 안주하는 경향을 보인다. 바로 그런 이유로 노년에 들어 우리는 세계가 매우 작아진 것에 깜짝 놀라곤 한다.

젊은 정신의 특징, 상상력

호기심과 열광이라는 단어는 곧장 젊은이의 정신 혹은 젊음을 유지하는 정신을 연상시킨다. 호기심과 열광은 또 상상력과 깊은 연관을 가진다.

드레이크와 미들턴의 정의가 기억나는가? 그들은 정신의 젊음은 상상의 힘과 폭에 의해 결정되는 것이라고 정의했다. 호기심은 새로운 것에 마음의 문을 열며, 열광은 새로운 것을 받아들인다. 상상력은 새로움을 만들어낸다. 상상은 창조적인 생각이다. 아이들은 상상에 조금도 어려움을 겪지 않는다. 아이들은 부단하게 상상의 세계를 그려낸다. 요정이 말하는 것을 '들으며', 인형과 이야기를 나누고, 나무와 악수를 한다. 청소년은 이런 상상을 유치하다고 여기지만, 그래도 여전히 축구를 하며 자신을 미래의 스타라고 여기거나, 친구들과 음악 밴드를 꾸려 세계를 정복할 꿈을 꾼다. 청년은 직업과 인생 현실에 직면해 상상력과 작별하기 시작한다. 청년의 상상은 현실적인 희망으로 바뀌어, 행복한 가정을 꾸리고 돈을 잘 벌며 집을 장만하는 일에만 집중한다. 그런 다음 40대나 50대에 이르러 상상은 오로지 한밤중의 꿈으로만 남거나, 아이들에게 읽어주는 동화에나 나오는 것이 될 뿐이다.

늙은이는 거의 모든 것을 할 수 있기는 하지만, 창의성과는 거리가 멀다는 선입견이 그냥 생겨난 것은 아니다. 이런 선입견이 실제로 맞는 경우도 많다. 그러나 노년과 창의성이 서로 배타적이어서 그런 것은 아니다. 오히려 우리 자신이 나이를 먹어가며 창의성에 등을 돌리기 때문이다.

연습 15

나는 얼마나 젊은가?

"사람은 자신이 느끼는 그만큼 늙는다."라는 격언은 독자 여러분도 분명 알 것이다. 분명 맞는 말이다. 아마 독자 여러분도 실제 나이보

다 자신이 젊다고 느끼리라. 그렇지 않고서야 이 책을 사서 읽을 이
유가 없지 않은가. 이 책을 산 것은 멋진 일이다. 그리고 이로써 좋
은 출발점이 마련되었다. 그럼에도 정신과 사고방식이 얼마나 젊음
을 유지하고 있는지 약간 시간을 들여 테스트해보도록 하자. 아마
시간이 좀 걸릴 수도 있다. 어쨌거나 누구도 당신을 지켜보지 않으
며, 테스트 결과를 알 수도 없다. 솔직해야만 자신에게 진짜 보탬이
된다는 점만 유념해두자.

아름다운 저녁 시간을 예약해두자. 대부분의 다른 연습에서는
'10분'이라고 말했지만 이번에는 그렇게 말하지 않겠다. 이번 연습
에는 젊은 정신의 발견을 자축하기 위해 한두 시간 정도 예약해두
는 것이 바람직하다. 자축한다는 것은 아름다운 음악을 틀어놓고,
원한다면 한 잔 정도 와인을 즐겨도 좋다는 말이다.

| 개방성 |

우선 앞에서 거론했던 문제부터 되짚어보자. 갈수록 '좁아지는' 관
심과 생활 환경의 원인은 무엇일까?

식사, 음악, 책, 친구, 이렇게 네 분야를 설정해보자. 바라건대 이
로써 모든, 또는 거의 모든 독자들이 테스트의 실질적 효과를 보았
으면 한다.

이탈리아 요리를 특히 좋아하는가? 아니면, 중국, 인도 혹은 독일
중산층이 즐기는 음식을 좋아하는가? (독자 자신이 선호하는 요리로
바꿔보라) 전혀 생소한 요리, 이를테면 아이슬란드, 아프리카 혹은

캄보디아 요리를 시식하려면 당신을 얼마나 설득해야 할까?

음악은 어떤 것이 좋은가? 클래식? 아니면 록, 재즈, 헤비메탈? (독자 자신이 선호하는 음악으로 바꿔보라) 시디(CD) 장에 혹시 다른 분야의 앨범도 한두 장 정도 있는가? 그리고 때로 이런 음악도 듣는가?

독서를 좋아하는 독자라면 일단 책장부터 살펴보자. 어떤 분야의 책이 전혀 혹은 거의 없는가? 범죄 소설? 연애 소설? 시? 정치? 자기 계발서? 영성적인 책?

많은 친구와 지인에 자부심을 가지는가? 마음속으로 친구의 '유형'을, 무엇보다도 지인 범위(아마도 친구보다 훨씬 더 크리라)를 살펴보자. 주로 당신과 꼭 맞는 사람들인가? 스포츠 친구? 환경 보호 운동가? 동물 애호가? 문화 팬? 정치적으로 배짱이 맞는 친구?

자신의 답을 살펴보며 이런저런 다른 유형에게 마음의 문을 열어주는 것이 좋지 않을까 생각해보자. 그 과정에서 무슨 좋은 생각이 떠오르거든 빠짐없이 적어두자.

그렇다. 정확하다. 이 연습의 핵심은 같은 유형의 사람에게만 관심을 가지지 말고, 우리 인생에 '다름'을 허용하자는 것이다.

| 열광 |

거두절미하고 이런 질문부터 하겠다. 어떤 일을 보면 맥박이 더 빠르게 뛸 정도로 열광하는가? 가장 먼저 어떤 일이 떠오르는가? 그리고 두 번째로 하고 싶은 물음은 이렇다. 젊은 시절 얼마나 많은

일들에 열광했으며, 지금은 어떤가? 비교는 어떤 결과를 내놓는가?

나이를 얼마나 먹었느냐에 따라 답은 사뭇 달라지리라. 그렇지 않은가? 열광과 노년을 우리는 흔히 서로 어울리지 않는 것이라고 본다. 열광은 청소년의 특징이라면서…….

열광의 문제에는 두 가지 흥미로운 연습, 이를테면 반성이라는 의미를 가지는 연습이 있다. 첫 번째 것은 예전과의 비교다. 차분한 마음으로 젊은 시절로 되돌아가 당시 어떤 일에 열광했는지 기억해보자. 어떤 일에 열광했으며, 왜 열광했는가?

어째서 지금은 같은 일에 더는 열광하지 않는지 그 이유를 자문해보자. 아마도 그것이 이미 '철 지난 것'이라서? 또는 '더는 나이와 맞지 않아' 열광이 식어버렸는가?

두 번째 연습은 현재의 진단이다. 가슴 뛰게 만드는 어떤 일이 있는가? 이런 열광을 생생히 살려내 보여줄 자신이 있는가? 없다면, 왜 그런지 잠시 생각해보자. 또 더는 열광하지 않는 자신을 바꾸는 것이 무슨 의미를 가질까 하는 것도 생각해보자.

가슴 뛰게 만드는 일을 전혀 찾아낼 수 없다면, 젊었을 때는 어땠는지 기억해보자. 젊은 시절의 열광이 떠오른다면, 오늘날, 당신의 나이에 이런 열광의 기분을 느껴보는 것도 좋지 않을까? 새롭게 생각해본 다음에도 열광할 수 있는 일을 찾을 수 없는가?

다시(또는 계속해서) 열광에 문을 열어준다면 당신의 인생은 어떤 모습일까? 떠오르는 대로 핵심 키워드를 적어보자.

| 자발성 |

자발적이라는 것은 성격에 따라 달라지는 것이기는 하지만, 젊음과 노년과도 상관이 있다. 물론 청소년 가운데에도 망설이고 주저하는 사람은 있게 마련이다. 그러나 어떤 제안에 "좋았어, 그럼 하자!"라는 자발적인 답변은 젊은이의 입에서 훨씬 더 자주 듣는 것이다. 잠깐 눈을 감고 '자발적'이라는 단어를 들으면 마음속에 어떤 느낌이 떠오르는가? 긍정적이고 삶의 활력이 생기게 하는 것인가? 아니면 부정적이고 탐탁지 않은 놀라움인가? 잠시 차분하게 느껴보자.

'자발적'이라는 단어가 부정적 울림을 준다면, 이 연습은 별 도움이 되지 않을 것이다. 물론 그럼에도 원한다면 다음 단락을 읽으며 '좀 더 생각해보자'.

긍정적인 느낌이 대세라면, 그것만으로도 좋다. 그럼 남는 물음은 이런 긍정적인 느낌을 어떻게 하면 구체적으로 풀어낼 수 있을까 하는 것이다. 어떤 경우에 당신은 흔쾌히 마음의 문을 열며, 그렇게 하지 못하게 가로막는 것은 무엇인가? 자신의 결정으로 다른 사람을 만나는가, 아니면 다른 사람이 먼저 자유 시간을 함께 보내자고 제안하는가?

자발적인 태도와 관련해 자신의 습관을 바꾸는 일은 경우마다 다르며, 또 어려움의 정도도 저마다 다르다. 그럼에도 더 자발적인 사람이 되고자 한다면 가장 쉬운 방법은 성격보다 계획하는 자세를 바꾸는 것이다. 어떤 제안이나 의도를 가지고 우리에게 접근하는 자발적인 사람이 좌절하고 실망하는 가장 큰 이유는 '빈틈없이 계획하려는 우리 마음의 벽'이다. "주말에? 아, 이런 다른 일이…….", "오늘 저녁에? 안 돼, 이미 다른…….", "다음 주에? 흠, 가만있어봐, 월요일에는……, 화요일에는……, 수요일에는……, 어휴 안 되겠다." 이 글을 읽는 자발적인 사람들은 내가 염두에 둔 것이 무엇인지 정확히 알리라. 또 미리 계획된 인생에 부딪쳐 좌절하는 것이 생동적인 삶을 즐기는 정신에게 얼마나 실망스럽고 속상한지도.

다음번에 예상하지 못했는데 동료가 한잔하러 가자고 제안하거든, 그리고 그때 가장 먼저 든 생각이나 느낌이 '참 좋기는 한데…….'이거든, 그냥 흔쾌히 자발적으로 "좋아." 하고 말하자. 마찬가지로 오랫동안 보지 못했던 친구가 마침 시내에 나왔다며 시간 좀 낼 수 있냐고 묻거든, 미리 계획했던 것부터 곧장 떠올리지 말자. 친구에게 기쁨을 선물하자. 당신 자신에게도.

이따금 인생의 순간이 선물하는 일을 위해 완벽한 계획일랑 좀 희생하자.

당신이라면 하이디 헤처와 이 장의 사례들에서
어떤 개인적인 교훈을 이끌어낼까?

하이디 헤처의 사례와 이 장의 논의는 당신에게 개인적으로 어떤 영감
을 주었는지 메모해보라. 이 장에서 읽은 내용 가운데 어떤 것을 당신
은 실현시키고 싶은가?

◇ 이 장에서 살핀 사례는 나에게 개인적으로 무엇을 말해주었나?

_____

_____

_____

_____

◇ 나는 구체적으로 어떤 대책을 세울까?

_____

_____

_____

_____

다르게 살고, 다르게 생각하며,
새로움을 창조하자

"머릿속에 가진 걸 모두 실현시키자면 나는 아직 50년을 더 살아야 한다"
크리스티안 그룰, 80세

크리스티안 그룰Christian Gruhl. 내 책『고령에 이르기까지 과감하게 인생을 즐기자』의 표지를 장식한 것은 그의 사진이다. 꽁지머리를 한 크리스티안 그룰이 저 위대한 카를 라거펠트*를 연상시킬 정도로 사진을 잘 받아서 그런 것만은 아니다. 크리스티안 그룰은 그 책에서 다룬 적극적이고 역동적이며 독특한 인간 가운데에서도 두드러진 인물이기에 나는 그의 사진으로 책 표지를 장식했다.

크리스티안 그룰, 그는 파격성과 긍정적 생각과 창의성이 무엇인지 종합적으로 보여주는 인물이다. 엔지니어이자 한때 기업을 운영했던 그는 당시 약혼녀였으며 나중에 결혼한 아내와 함께 동독에서 탈출했다. 여러 차례 동독 정부를 상대로 저항한 탓에 요주의 인물로 지목되었기 때문이다. 그는 영리함과 창의성을 유감없이 발휘해 토끼를 데리고 다님으로써 인민경찰의 추적을 따돌렸다. "누가 토끼와 함께 도망가겠어?" 하고 웃으며 보내줬던 인민경찰은 말 그

• 카를 라거펠트(Karl Lagerfeld: 1933~): 독일 패션 디자이너로 20세기 후반에 가장 큰 영향력을 가진 인물이다.

대로 뒤통수를 맞고 말았다.

　창의성과 더불어 자유롭고자 하는 열망은 크리스티안 그룰의 상표와도 같다. 그는 평생 다양한 발명을 해서 특허를 출원했다. 그의 많은 기술 발명은 슈투트가르트에서 엔지니어로 기술 설비 전문 회사를 운영하던 젊은 시절에 이미 이루어졌다. 그렇다고 그의 창의성이 은퇴와 함께 멈춘 것은 아니다. 그는 기술 혁신은 물론이고 판촉물과 인형극의 인형 등으로 계속해서 창의적 활동을 벌였다. 너무 아이디어가 많아 밤에 잠을 이룰 수 없을 지경이라고 그는 말한다.

　2008년 크리스티안 그룰은 아내와 함께 드레스덴에 아담한 규모의 자연식품 레스토랑을 차렸다. '치커리Chicoree'라는 이름의 이 레스토랑은 그가 일체의 부채 없이 자기 자본으로, 곧 순전한 자기 책임으로 설립한 것이다. '독일의 가장 연로한 젊은 사업가'. 당시 언론에서는 그를 다룬 수많은 기사를 냈고, 그 기사에는 이런 유의 제목이 붙었다. 그러나 적자가 늘어나면서 은행으로부터 대출을 받고자 했으나 그룰 부부는 받지 못했다. 1만 유로라는 참으로 조촐한 금액이었지만, 어떤 은행이 80대의 노인에게 대출을 해줄까?

　그래서 그룰 부부는 레스토랑과 더불어 가구를 갖춘 게스트하우스를 만들어 임대해주려는 구상을 했다. 기반은 충분히 갖춰졌지만, 많은 수고를 들여 개축하는 일은 불가피했다. 크리스티안 그룰은 직접 소매를 걷어붙이고 나섰다. 인테리어, 케이블 설치, 욕실의 바닥 난방 등 그 어떤 일에도 80대의 노인은 물러서거나 위축되지 않았다. 그러나 2년 뒤 가구를 갖춘 게스트하우스는 원했던 성과를 올리지 못했다. 부부는 다시 이 집을 장기 임대용으로 개축하기로 결정했다. 그러자면 모든 가구와 설비를 제거하고 집을 새로 꾸며야만 했다. 크리스티안 그룰, 그동안 84세가 된 그는 다시금 모든 일을 손수 처리했다.

좌절된 계획, 엄청난 수고 또는 건강상의 제약 등 어떤 것에도 그는 물러서지 않았다.

크리스티안 그룰은 우리에게 어떤 영감을 주나?

하이디 헤처와 마찬가지로 크리스티안 그룰도 일련의 다채로운 특성과 행동 방식으로 우리에게 영감을 준다. 특히 크리스티안 그룰은 창의성과 창조 욕구가 두드러진다.

창의성 – 거의 주목받지 못했으나 효과적인 노화 방지 특효약

'나에게 두 번째 크리스티안 그룰이 되라는 거야?' 혹시라도 이런 의문을 품을 독자를 위해 미리 말해두겠다. 아니다. 창의적이고자 크리스티안 그룰을 뒤따를 필요는 없다. 물론 그의 창의성이 모든 범주를 뛰어넘을 정도로 탁월한 것은 사실이다. 그러나 본받든지 말든지 여부를 떠나 내가 창의성을 주목한 이유는 노화 방지의 탁월한 효과 때문이다.

이 책의 여러 대목에서 언급했듯, 지금껏 우리는 노화 방지의 묘

책으로 너무 지나치게 (아니 너무 일방적이라고 하는 표현이 더 낫겠지만) 스포츠, 식생활, 화장술에 의존해왔다. 어째 좀 '하드웨어 관리'라는 말이 자연스레 떠오른다. 스포츠, 식생활, 화장술 따위는 그 효과가 물리적으로 '입증 가능'한 반면, 긍정적인 생활 태도, 도전 정신, 호기심 또는 창의성은 눈으로 보듯 그 효과를 확인할 수 없는 게 사실이다. 그럼에도 내 눈에는 창의성이 대단히 중요하다. 바로 그런 이유로 이 책의 서두에서도 언급했듯, 나는 이 거의 주목받지 못했지만 의미심장한 주제를 다룬 책을 한 권 쓸 계획이다.

창의성은 무엇이며, '노년'과 관련해 우리에게 무엇을 의미할까? 이 자리에서 창의성의 정의를 두고 장황한 논의를 벌이고 싶지는 않다. 창의성은, 누구나 알듯, 새로운 것을 만들고 창안해내는 것을 뜻한다. 일반적으로 사람들은 창의성이라면 곧장 아름다운 예술을 떠올린다. 그러나 '창의성'을 보는 이런 통념이 너무 협소하다는 것을 이해하는 것은 대단히 중요하다. 창의성은 문제를 해결하는 '다른 사고방식'이라고 보는 것이 훨씬 더 적절하다. 그런 점에서 창의성은 우리의 일상과 밀접하게 맞물린다.

문제 해결, 정확히 이것이 발명가가 하는 일이다. 크리스티안 그룰은 발명가, 곧 창의적 인간 그 자체다. 우리는 반드시 '창의적 인간'으로 세상에 태어나는 것은 아니기 때문에 창의성도 어느 정도 발견하고 연습하며 살려내야만 한다. 창의적 인간이 되고자 피카소, 모차르트, 다빈치 또는 우리와 동시대를 사는 크리스티안 그룰을 꼭 본받아야만 하는 것은 아니다.

창의적인 생활은 문제 해결의 답을 찾는 생각이 유연하고 탄력적이어야 함을 요구한다. 다시 말해서 새로운 것을 알아내고, 다른 방식으로 문제를 처리하고자 노력하면서 결국 우리 인생에 새로운 것을 만들어내는 것이 창의적인 생활이다.

창의성은 말하자면 '행동으로 옮겨진 호기심'이다. 이런 행동은 열린 정신과, 사물을 지금까지와는 다른 방식으로 관찰하려는 자세를 전제로 한다.

이쯤에서 습관, 틀에 박힌 생활, 안전제일주의, 편협한 고집이 창의성의 적이라는 점은 독자 여러분도 쉽사리 가늠할 수 있으리라.

그리고 잘 드러나 보이지는 않지만 더욱 강력한 힘을 행사하는 적은 실수할까 두려워하는 마음이다. 창의성은 새로운 것을 만듦이다. 그러나 새로운 것은 말 그대로 미지의 것이다. 다시 말해서 새로운 것은 실패의 위험을 안고 있다. 실수를 두려워하지 않고 참아내야만 새로운 것이 얻어진다. 제1부 도리스 롱(95쪽)에서 다루었던 용기가 새삼 다가오는 순간이다.

그룰 부부는 붙박이 가구를 갖춘 게스트하우스를 운영할 생각을 했다. 수요를 잘못 예측한 결과, 이 계획은 실패로 끝났다. 그렇다고 잃어버린 시간과 돈 때문에 불평하고 한탄한들 무슨 소용이 있을까? 크리스티안 그룰은 그냥 다시 일에 달려들었다. 새로운 생각, 새로운 위험, 그러나 위험을 두려워하지 않는 새로운 계획이 세상을 바꾼다.

왜 창의성이 젊음을 유지해주는지는 이로써 상당히 분명해진다.

새로움을 찾고 만들어내려고 끊임없이 활약하는 정신은 늙을 수가 없다. 그리고 흔히 생각하듯 창의성이 예술에만 국한된 것은 아니기 때문에, 누구든지 이 기적적이고 흥미로운 노화 방지 특효약을 발견할 수 있다.

새로운 '창조'는 우리와 다른 사람들에게 무엇을 뜻할까?

새로운 것을 창조한다는 것은 자아를 실현함을 뜻한다. 모차르트가 음악을 하는 대신 세무 관리로 살았거나, 피카소가 화가가 되는 대신 이발사가 되었다면? 상상조차 하기 싫은 일이다. 그들 자신뿐만 아니라, 세계를 위해서도 그런 일은 생각조차 하기 싫다. 괴테, 모차르트, 베르디, 미켈란젤로, 피카소, 프랭클린을 비롯한 위대한 인물의 작품이 없다면 우리의 세계가 훨씬 더 가난해졌을 거라는 점을 의심할 사람은 아무도 없다.

무엇인가 '창조'해낸다는 것은 언제나 또한 다른 사람에게 베풀어준다는 뜻이다. 크리스티안 그룰은 자신의 자연식품 레스토랑에서 손님들에게 건강한 음식의 다채로운 체험을 제공해주었을 뿐만 아니라, 아내와 함께 어떻게 하면 건강한 식생활을 할 수 있는지 그 비결과 요령을 알려주기도 했다.

그는 주로 사람들의 생활에 도움을 줄 발명을 했다. 예를 들어 1964년에 이미 그는 오늘날의 'GPS'에 견줄 수 있는 것을 개발한 바 있다. 이 발명품은 자동차를 운전하면서 지도를 읽을 수 있게 해주는 기계 설비다. 나중에는 냉동식품이 제대로 해동되었는지 알려주는 계기를 고안해냈다. 또 그는 범퍼카를 보고 양로원에서 쓸 수 있는 전동 휠체어를 만들어냈다. 이 전동 휠체어는 건전지 대신 복도 바닥에 깔아둔 전선망으로부터 약한 전류를 얻어 작동하도록 설계된 것이다.

물론 우리 가운데 획기적인 발명품을 만들어낼 최고의 발명가는 손꼽을 정도일 뿐이리라. 그러나 주변을 돌아보면 새로운 것을 만들어낼 기회는 차고 넘치지 않는가? 직업, 인생 설계, 살림살이, 취미 활동, 관심사, 봉사 활동 등 새로운 것을 요구하는 기회는 많기만 하다. 미래의 세계는 창조적 발상의 세계가 되리라. 경영 관련 잡지를 읽어보라. 경제 신문을 보아도 마찬가지다. 사회 복지 관련 잡지를 보아도 새로움을 요구하는 분야는 많기만 하다. 이처럼 엄청나게 많은 인생 분야들은 우리가 새로운 창의적 발상을 이끌어내기를 기다린다.

이런 기다림은 절박하기만 하다. 새로운 발상을 고민하는 사람이 많지 않기 때문이다. 내가 특히 관심을 가지고 보는 분야는 양로원과 요양원과 관련한 창조적 혁신이다.

독일처럼 '부양을 중시하는 성향'을 가진 나라에서는 요양과 간병을 필요로 하는 노인의 기본 욕구를 충족시키기에만 급급하다. 노인 부양 문제에서 체계적인 창의성은 거의 외국어처럼 들릴 지경이다. 내가 말하고 싶은 것은 양로원 노인들의 창의적인 여가 활동이 아니라, 양로원 체계 그 자체다. 국경을 넘어 네덜란드만 살펴보아도 창의적 사고방식의 자극은 충분하기만 하다. 네덜란드는 독일보다 더 활발하게 새로운 것을 실험하기 때문이다. 예를 들어 네덜란드는 몇 년 전 이른바 '인지증 마을'이라는 것을 만들어냈다. 널찍한 공간을 자랑하는 이 마을에서는 인지증 환자들이 자유롭게 움직이며 자신이 건강하게 살고 있다는 느낌을 만끽한다. 얼마 전에 등장한 새로운 아이디어는 대학생들에게 양로원의 방을 무료로 제공해주는 것이다. 그 대가로 대학생들은 한 달에 최소 30시간을 노인들과 어울리며 말동무가 되어주어야 한다.

아마 아는 사람이 많지 않겠지만, 경제는 창의성에 막대한 돈을 투자한다. 경제가 이해하는 창의성은 새로운 상품 또는 개선된 상품이다. 소비 중심 사회의 상품에 전 세계적으로 투자되는 막대한 돈의 극히 일부라도 사회적 요구에 맞춘 창의성에 돌린다면, 우리는 좀 더 행복하고, 무엇보다도 좀 더 정의로운 세계를 누리지 않을까?!

창의성과 관련해 우리는 한 가지 생각만큼은 무조건 버려야 한다. 너무도 깊게 뿌리를 드리운 나머지 거의 확신이 되다시피 한 이 생각은 오로지 젊은이만 창의적일 수 있다는 것이다. 그러나 많은 위인은 고령에 이르기까지 창의성을 유감없이 발휘했다. 베르디는 자신의 마지막 오페라를 80세 생일을 얼마 앞두고 완성했다. 벤자민 프랭클린은 이중 초점 안경을 78세에 발명했다. 그리고 피카소는 88세와 89세에 가장 생산적으로 활동했다.

그들이 살았던 시대의 80세나 90세가 무엇을 뜻하는지 유념해보라!

노년, 심지어 중년만 되어도 창의적일 수 없다는 생각은 너무 널리 퍼진 나머지 거의 모든 '창의적 직업', 이를테면 디자인, 광고, IT 업계는 오로지 젊은이만 받아들이게 만드는 결과를 낳았다.

창의적인 정신을 가진 독자라면 90세에 실리콘밸리에 지원해 지금 콘셉트 디자이너로 활동하는 바버라 베스킨드를 기억하자. 그녀가 보인 용기를 따라 하기란 어려운 일이지만, 아마도 당신은 90세가 아니지 않은가. 그러니 얼마든지 시도할 수 있다.

바버라 베스킨드의 예에서 분명하게 드러나듯, 창의성은 다른 사람에게 큰 도움을 준다. 현재 그녀는 '노인을 위한 에어백' 개발에 열중하고 있다. 넘어졌을 때 다치지 않도록 하는 에어백을 개발하면 노인들이 가진 가장 큰 문제 가운데 하나를 해결하여 그들에게 도움을 줄 수 있다.

연습 16
나는 창의성을 어떻게 이해하나?

나는 '창의성'을 주제로 많은 연습을 다룬 책을 따로 한 권 쓸 계획이며, 여기 '연습' 단락에서는 간단하게만 다루겠다.

자신이 창의적인 인간이라고 느끼는 독자라면, 나는 이 창의성을, 어떤 형식의 것이든 간에, 온전히 살려내고 든든히 키우며 확장하기를 권고하고 격려하고자 한다.

자신의 창의성이 뛰어나지는 않지만, 기꺼이 키우고 싶은 독자라면 먼저 어떤 창의성을 지금까지 염두에 두어왔는지 자문해보기 바란다.

예술의 경우에 최선은 빨리 강좌에 등록하는 것이다. 일단 닻을 올리고 출발할 수 있어야 한다.

뚝딱거리고 무얼 만드는 것이 즐거운 독자는 내일 당장 취미용품 가게를 찾아가 어떤 흥미로운 것이 있는지 찾아보며 영감을 얻도록 하자.

자신이 좋은 음색을 가졌다고 믿는 독자는 당신의 도시에 어떤 합창대나 가창 그룹이 있는지 알아보자.

이처럼 구체적으로 접근해 해당 분야를 탐색하면서 개인적으로 마음이 끌리는 것을 선택하는 것이 가장 좋은 방법이다.

생활의 모든 분야는 진정한 창의성의 싹을 품고 있다. 요리, 청소, 정원 돌보기도 마찬가지다. 중요한 점은 창의성이 문제 해결 방법을 찾는 것이며, 이미 습관으로 익숙한 생각을 버리고 새로운 길을 찾는 것임을 항상 유념하는 자세다.

바로 이런 다른 길, 생활과 매우 밀접한 창의성을 나는 나중에 쓸 책에서 자세히 다룰 계획이다.

연습 17

물음을 물구나무 세우자

창의성은 익숙한 생각을 벗어날 때 생겨난다. 그 기술 가운데 하나는 익숙한 생각을 뒤집는 것이다. 이런 생각 뒤집기는 정말 흥미로운 깨달음을 선물한다. 노년이라는 주제로 시도해보라.

우리가 흔히 하는 생각은 어떻게 해야 좋은 노년을 만들어낼까 하는 것이다. 그래서 우리는 모든 긍정적인 측면, 이를테면 건강한 생활 습관, 운동, 긍정적 사고방식 따위를 먼저 떠올린다.

이제 물음을 물구나무 세워보라. 되도록 형편없고 속상한 노년은 어떻게 해야 만들어질까? 이 물음의 답을 찾아보자. 시도해보라. 많은 경우 긍정적 물음에서는 전혀 생각하지 못했던 것이 독자 여러분의 의식으로 떠오를 것이다.

당신이라면 크리스티안 그룹과 이 장의 사례들에서
어떤 개인적인 교훈을 이끌어낼까?

크리스티안 그룹의 사례와 이 장의 논의는 당신에게 개인적으로 어떤
영감을 주었는지 메모해보라. 이 장에서 읽은 내용 가운데 어떤 것을
당신은 실현시키고 싶은가?

◇ 이 장에서 살핀 사례는 나에게 개인적으로 무엇을 말해주었나?

_____

_____

_____

_____

◇ 나는 구체적으로 어떤 대책을 세울까?

_____

_____

_____

_____

타인을 위한 봉사는
노년에 생동감을 불어넣어준다

"이기적이지 않고 이웃을 위해 헌신하다"
프리드리히 팀, 90세

프리드리히 팀^{Friedrich Thimm}은 평생 세상 곳곳을 누볐으며, 오늘날에도 마찬가지다. 휴가 여행이나 모험 또는 즐거움을 위해 그런 것은 아니다. 그는 어려운 처지의 사람들을 도와 좀 더 정의롭고 좀 더 나은 세상을 만들기 위한 노력의 일환으로 그런 것이다.

프리드리히 팀은 이미 청년이던 1960년대에 아내와 두 아들과 함께 외국으로 갔다. 그는 목재 산업의 직업 교육자로 파키스탄에서 현지의 전문 인력을 양성했으며, 이후 토고에서는 여러 분야의 직업 교육을 담당했다. 나중에 그는 해외의 전문 인력을 양성하는 조직에서 활동했다. 이는 곧 숱한 출장을 다녀야 함을 뜻했다.

65세에 그는 은퇴할 자격을 얻었지만, 그럴 생각이 조금도 없었다. 그는 오랜 경험을 가진 전문가에게 외국의 단기 체류를 중개해주는 '시니어 전문가 서비스'에 등록했다. 숱한 여행이 줄을 이었다. 베네수엘라, 가나, 시베리아, 터키, 인도, 잠비아, 리투아니아 등 프리드리히 팀이 '노년'에 근무한 국가의 명단은 길기만 하다. 내가 이 글을 쓰는 동안, 이미 90세를 넘긴 그는 러시아의 칼리닌그라드에서 자신의 지식과 능력을 총동원해 고아원을 지원하고 있다.

프리드리히 팀은 아파본 적이 거의 없다. 고령에도 그는 여행을 힘겨워하지 않는다. 물론 그는 대단히 운동을 좋아해 별문제가 없는 건강을 누리기는 한다. 그러나 그보다 더 좋은 건강 비결은 봉사 활동과 여행을 즐기는 그의 열린 정신이다. 프리드리히 팀은 세상을 위해 중요한 기여를 하는 생동적이고 적극적인 인물 가운데 한 명이다.

책임감을 가지고 자신의 능력을 다해 좀 더 나은, 좀 더 인간적인 사회를 위해 기여하는 일은 그가 항상 중시해온 것이다. 그는 세상을 자기 중심이 아닌, 이웃 중심으로 바라보아야 한다고 생각한다. 늙었다는 것은 인생을 보는 호기심을 잃어버릴 때, 어떤 일에도 더는 흥미를 느끼지 않을 때라고 그는 말한다.

타인에게 더는 관심을 가지지 않는 사람의 인생은 나이가 들수록 매우 작은, 자기 중심의 세계로 졸아든다. 90세의 프리드리히 팀이 살아가는 '인생'은 지구 절반을 감싸 안고도 남을 정도다. 그저 말이 아니라 실제로 지구의 절반 이상을 포용하지만, 그의 정신은 이보다 더 넉넉하다.

프리드리히 팀은 우리에게 어떤 영감을 주나?

프리드리히 팀은 우리로 하여금 인생에서 '타인'이 무엇인지 생각하게 해준다. 타인이 자국의 동포로 사회적으로 열악한 처지에 있거나, 외로움에 시달리거나, 도움을 필요로 하든, 아니면 외국의 빈민으로 홀대받는 처지에 있든 하는 차이는 그에게 아무것도 아니다.

인생을 살아가며 타인을 배려한다는 것은 노년에 세 가지 대단히 중요한 효과를 선물한다. 첫째, 노년에 시달리는 외로움을 피할 수 있게 해준다. 둘째, 노년의 삶에 의미가 충만해진다. 셋째, 타인을 배려하는 봉사는 노년에 사회적 영향력을 키워준다.

노년의 고독 방지 – 사고방식의 전환

프리드리히 팀은 인간이 자기중심적 태도를 벗어나야만 한다고 힘주어 강조한다. 원하지 않았거나, 의도적으로 찾지 않았음에도 노년의 고독이 찾아오는 이유는 정확히 이런 이기적 태도다. 세계는 갈수록 작아지다가 결국 자기 중심으로 좁아든다. '노년의 인생'이 오로지 자신의 가족에만 집중되면서 친구가 거의 남지 않는 이유가 달리 있는 게 아니다. 또 동년배의 친구는 차례로 세상을 떠나 어차피 남는 친구는 극소수에 지나지 않는다.

최근 들어 각종 사회봉사 단체에서 봉사 활동을 하는 노인들이 많아졌다. 이웃 돕기나 적십자 행사 또는 교회의 봉사 활동에서 노인의 모습은 심심찮게 볼 수 있다.

그러나 대중은 아직까지도 노년의 사회봉사 활동을 생소하게만 받아들인다. 사람들은 특히 고령의 노인이 봉사 활동하는 것을 의아하게 바라본다. 노년을 '문제가 있다고 보는 지배적인 시각', 곧 병을 잃거나, 도움이 필요하거나, 심지어 인지증에 시달린다고 보는 지배적인 관점이 노년의 봉사 활동을 어렵게 만든다.

많은 사람, 심지어 대다수의 인간은 노년에 외로워지는 것을 두려워한다. '타인'을 배려하는 자세가 노년을 외롭지 않게 만들어줄 수 있다는 점을 주목하면 이런 두려움은 쉽게 극복될 수 있지 않을까? 어떤 형태로든 타인은 어디나 있다.

그러나 자기 중심적인 사람은 타인에게 베풀기보다 타인에게서 얻을 것부터 생각하는 탓에 노년에 실제로 외로움에 시달리게 된다. 관심, 친근함, 애정, 배려는 베풀어야 얻어지는 것임을 우리는 명심해야 한다.

이 글을 읽는 독자는 아마도 이런 의문을 품을 수 있다. '남을 돕는 일은 젊은 늙은이, 또는 프리드리히 팀처럼 지극히 예외적인 노인만 할 수 있는 거 아냐?', '대다수 노인은 남을 도울 처지가 아니야.' 정말 그럴까? 끝까지 생각해보지 않아 상상력이 부족한 것은 아닐까?

휠체어에 앉은 70대 노인 또는 양로원의 80대 노인도 사정이 좋지 않거나 곤란한 지경에 처한 다른 사람을 얼마든지 도울 수 있다. 잘 상상이 되지 않는다고? '도움'은 옷가지를 정리하는 것처럼 항상 물리적인 힘을 써야만 하는 것은 아니다. 도움은 컴퓨터나 전화 앞에 앉아서도 얼마든지 베풀 수 있다.

70대, 80대 혹은 90대에도 자신의 재능이나 경험을 활용해, 이를테면 자원봉사로 전화 상담을 해주거나, 인터넷에 블로그를 개설해 경험을 나눠주거나, 젊은 자영업자에게 조언을 해주는 등 도움은 얼마든지 가능하다. 독서량이 풍부한 노인은 젊은 작가의 원고를 검토해줄 수도 있다. 또는 시력이 나빠진 다른 노인을 위해 책을 읽어주는 일도 생각할 수 있는 봉사 가운데 하나다. 모두 앉아서 베풀 수 있는 도움이다.

이타주의로 많은 도움을 베푸는 사람은 많기만 하다. 나는 독자 여러분에게 레나테 라첼Renate Ratzel의 사례를 들려주고 싶다. 그녀는 고독한 노년을 보낼 수밖에 없는 처지였다. 레나테 라첼은 시력을 완전히 잃었다. 그러나 이런 장애는 다른 사람들을 돕는 데 전혀 문제가 되지 않았다. 원래 레나테 라첼은 남미 사람들을 돕고자 의사가 되고 싶어 했다. 그러나 그녀는 태어나면서부터 시력이 약했다. 그녀는 43세에 시력을 완전히 잃었다. 그럼에도 좌절하지 않고 그녀는 몇 년 뒤 처음으로 칠레로 가서 어떤 여성 선교사를 도와 피노체트 정권의 희생자들을 돌보았다. 이때부터 그녀는 매년 남미로 날아가 빈민을 위한 급식 봉사를 돕거나, 어머니들을 위한 강좌를 연다.

이 글에 담긴 생각을 잘못 해석하는 일은 없었으면 한다. 그냥 평안히 늙어가면 될 노인에게 왜 활동을 강요하느냐는 물음은 잘못된 해석 탓에 생겨난다.

사람들이 이 '평안함'으로 만족하고 행복하다면 나는 개인적으로 절대 토를 달지 않겠다. 그러나 내가 보기에 이런 종류의 평안함으로 행복하지 못한 사람은 너무나도 많다. 아무 할 일이 없고, 인생에서 더는 의미를 찾을 수 없어 노년의 자신이 쓸모없다는 느낌으로 사람들은 괴로워한다. 고령에도 활발한 활동을 벌이는 노인이 매우 건강한 것은 우연한 일이 아니다.

사람들은 나중에 자신이 겪을 노년이 어떤 것인지 알 수 없고 또 예견할 수도 없기 때문에 일찌감치 노년에 무슨 일을 할 것인지 최소한 머릿속으로 대안을 그려보는 일은 반드시 필요하다. 말하자면 미리 문을 열어두거나 열어줌으로써 여러 가능성을 저울질해보는 태도는 바람직하다. 물론 노년에 들어서야 비로소 그런 생각을 본격적으로 해볼 수도 있지만, 예전의 경험이 있다면 한결 더 대안을 찾기가 손쉬울 수 있다.

프리드리히 팀은 노년의 깜박깜박 잊어버리는 증세, 이른바 '건망증'을 두고 흥미로운 생각을 했다. 내가 보기에 오늘날 사람들은 이 건망증을 너무 쉽게 '인지증'으로 해석하곤 한다. "노인들은 어제 일은 거의 기억하지 못하면서도 젊은 날은 또렷하게 기억합니다. 아마도 그 이유는 젊은 날에는 중요한 일을 했고, 노년에는 그런 중대사가 거의 없다고 여기기 때문이 아닐까 싶어요." 프리드리히 팀의 말이다.

투쟁이 젊음을 지켜준다!
– 공감 능력을 자랑하며 진보적이고 반항적인 노년을 살자
노년의 사회적 영향력은 그 자체로 모순처럼 들리는 말이다. 그러나 노년의 사회적 영향력은 곧 다른 사람을 위한 봉사의 계속되는, 더 강해진 형태를 뜻한다.

"투쟁이 젊음을 지켜준다!" 가톨릭 수녀로 조국 프랑스에서 대단한 인기를 누리는 스웨 엠마누엘*이 한 말이다. 그녀는 카이로의 빈민가에서 쓰레기를 모으는 일로 생계를 이어가는 사람들과 오랫동안 함께 살아 이름이 알려진 인물이다. 엠마누엘 수녀는 63세에 카이로로 건너가 20년이 넘게 살았다.

엠마누엘 수녀는 타인과 더불어 사는 삶의 본보기 그 자체다. 그녀는 지옥이란 마음의 문을 닫는 것이며, 천국은 다른 사람에게 관심을 쏟고 그의 말을 경청해주는 날에 시작된다고 굳게 확신했다.

그녀는 교회에도 사람들을 이렇게 이해하라고 요구했다. 가톨릭 교회는 산아 제한을 허용해야만 하며, 동성애를 용인하고, 성직자의 독신 규율을 완화해야 한다고 엠마누엘 수녀는 역설했다.

그녀는 토론과 논쟁을 두려워하지 않았다. "나는 사람들이 나에게 반론하는 것이 좋아요." 그녀의 육성이다. "반론을 주고받으며 열띤 토론을 벌여야 재밌죠, 그건 샴페인 같아요. 투쟁이 젊음을 지켜주죠. 서로 싸워야 뭔가 배울 것도 있어요. 물론 저는 사람들을 설득하기를 좋아해요. 저는 고집이 세거든요." 엠마누엘 수녀는 바로

• 스웨 엠마누엘(Sœur Emmanuelle: 1908~2008): 벨기에에서 태어나 프랑스 국적을 가지고 카이로에서 활동한 수녀. 빈민 구호 활동으로 잘 알려진 수녀다. 스웨(Sœur)는 자매라는 뜻으로 수녀를 부르는 호칭이다.

그런 이유로 과감하게 토크쇼에도 출연했다.

작가이자 인권 운동가인 헤디 엡슈타인*은 인종 차별 반대와 평화 운동 등 정치적으로나 사회적으로 활발한 활동을 벌였다. 2014년 8월 그녀는 90세의 나이로 마이클 브라운Michael Brown의 죽음에 항의하는 시위에 참가했다가 경찰에게 체포당했다(18세의 아프리카계 미국인 학생 마이클 브라운은 미국의 소도시 퍼거슨에서 석연치 않은 상황에 경찰이 쏜 총에 맞아 사망했다).

이집트의 작가로 특히 여성 인권을 위해 싸운 인권 운동가인 나왈 엘 사아다위*도 못지않게 투쟁적이었다. 그녀는 2011년에 80세의 나이로 카이로에서 대중과 함께 가두시위를 벌였다.

수학자이자 철학자인 버트런드 러셀Bertrand Russell은 세계 평화를 위해 89세의 나이로 대중과 함께 연좌 농성을 벌였다. 러셀과 마찬가지로 반전 운동을 벌인 프랑스의 동물학자 앙드레 모노*는 히로시마에 원자 폭탄을 투하한 것에 분노해 97세의 나이로 사흘 동안 단식 투쟁을 벌이며 원자 폭탄의 철폐를 호소했다.

이 글을 읽는 독자는 아마도 타협이라고는 모르는 이런 사회 활동의 사례가 자신과는 너무 먼 이야기라고 여길지도 모른다. 그러

- 헤디 엡슈타인(Hedy Epstein: 1924~2016): 독일 태생의 유대계 작가. 나치스의 탄압으로 부모를 잃고 1948년에 미국으로 건너가 생활했다.
- 나왈 엘 사아다위(Nawal El Saadawi: 1931~): 이집트 작가. 여성의 시각으로 이슬람 문화를 비판해 이슬람 테러 단체로부터 살해 위협을 받는 인물이다.
- 앙드레 모노(André Monod: 1902~2000): 프랑스의 동물학자이자 아프리카 연구가이며 평화 운동가.

나 내가 독자들에게 보여주고 싶은 것은 이런 사회 활동은, 어떤 형식의 것이든 간에, 고령에도 얼마든지 가능하다는 점이다.

오로지 늙었다는 이유 하나만으로 침묵하며 골방에 틀어박히는 노년은 용납될 수 없다. 우리 자신이 그렇게 생각하거나 두려워서 움츠리는 것일 뿐, 외롭게 침묵하는 노년이 자연법칙은 아니다.

연습 18

내 인생에서 '타인'은 어떤 의미를 가지는가?

미리 분명히 해두자면, 지금 독자 여러분 인생의 '사회성 체크'를 하려는 것은 아니다. 지금껏 거의 혹은 전혀 사회 활동을 하지 않았다 할지라도 이 연습에는 하등 관계가 없다. 이 연습의 초점은 독자 여러분의 노년, 곧 미래를 어떻게 꾸려갈지 생각을 정리해보는 데 맞춰져 있다.

| 나의 선호도, 나의 성향 |

사회생활의 어떤 분야에 가장 끌리는가? 도움이 필요한 사람들 가운데 가장 관심이 가는 쪽은 어디인가?

목록을 만들어보거나, 내가 제안하는 목록을 받아들여, 각 분야를 살피고 1, 2, 3으로 평가해보자. 1은 '좋다/큰 관심', 2는 '아마도/잘 모르겠다', 3은 '아니다/관심 없음'이다.

다음의 사례들 가운데 골라 독자 여러분의 목록을 확장해보는 것도 한 방법이다.

- 분야: 정치, 환경 보호, 동물 보호, 문화, 예술, 개발 지원, 건강, 노인 복지
- 도움이 필요한 사람들: 사회운동가, 예술가, 노숙자, 노인, 장애인, 외국인, 학습 지진아, 심적으로 불안정한 사람, 미혼모, 약물 중독자, 난민, 양심수

평가가 끝났으면 결과를 보며 잠시 생각해보자. 이런 분야나 사람을 고른 정확한 이유는 무엇일까? 청소년기나 대학생 시절 등 예전에 이미 해당 분야나 인물에게 도움을 베푼 적이 있는가?

| 미래 시나리오 |
내가 할 수 있는 활동으로 무엇을 떠올릴 수 있을까?
미래 시나리오는 마음속으로 그려본, 집중해서 '예상해본' 미래의 그림이다. 이런 시나리오는 무엇보다도 내일 우리에게 어떤 일이 가능할지 오늘 확인해보는 데 도움을 준다. 차분한 마음으로 되도록 다채로운 그림을 그려보도록 하자.

하나의 예로 정치를 골랐다고 하면, 노인이 되어 이 분야에서 어떤 일을 할 수 있을지 생각해보자. 나중에 건강한 노인이 된 자신의 모습을 떠올리며 정치 행사를 돕거나, 플래카드를 걸거나, 커피 봉사를 하는 모습 가운데 어떤 것이 가장 마음에 드는가? 건강이

조금 문제가 된다면 집에서 정당을 위한 홍보 문안을 써본다든지, 인터넷으로 정치 행사를 안내하는 일도 생각해볼 수 있다.

혹시 할 수 있는 외국어가 있으며, '앰네스티 인터내셔널(Amnesty International: 국제사면위원회)'에 관심이 있는가? 그렇다면 정치적 양심수를 위한 청원서를 써보는 것도 좋은 활동이다.

이런 식으로 활동할 수 있는 일의 종류는 무궁무진하다. 그렇지만 되도록 하나의 분야, 또는 하나의 인물 그룹을 고르자. 미래 시나리오를 그려보는 것은 생각만 해도 대단히 즐거운 일이다. 이런 연습을 통해 우리는 다양한 관심사와 가능성을 발견할 수 있다.

용기를 가지고 '최선의 시나리오와 최악의 시나리오'를 그려보는 것도 좋은 방법이다. 최상의 건강이라면 무슨 일을 할 것이며, 불행하게도 장애에 시달린다면 그래도 어떤 활동이 가능할까?

나는 이 책에서 부정적인 미래상은 생각하지 말자고 내내 강조했다. 그러나 이 연습에서는 부정적인 미래상도 긍정적인 의미를 가진다. 우리는 심지어 장애에 시달리는 최악의 상황에서도 원한다면 다른 사람을 위해 무슨 일을 할 수 있는지 생각해볼 여유를 발견할 수 있기 때문이다.

당신이라면 프리드리히 팀을 다룬 이 장에서
어떤 개인적인 교훈을 이끌어낼까?

프리드리히 팀의 사례와 이 장의 논의는 당신에게 개인적으로 어떤 영
감을 주었는지 메모해보라. 이 장에서 읽은 내용 가운데 어떤 것을 당
신은 실현시키고 싶은가?

◇ 이 장에서 살핀 사례는 나에게 개인적으로 무엇을 말해주었나?

◇ 나는 구체적으로 어떤 대책을 세울까?

인생이라는 계곡의 밑바닥에서
새롭게 시작하자

"인간은 인생을 살며 자신을 완성하는 일에 매진해야 한다고 봅니다"
안네 R., 79세

나의 책『고령에 이르기까지 과감하게 인생을 즐기자』를 쓰기 위해
취재하는 과정에서 나는 특히 인상적인 사례를 발견했다. 이 사례
의 주인공은『최고의 시절』*이라는 책에 묘사한 79세의 여인 안네
Anne R.이다. 그녀가 가슴속 깊숙이 뿌리내린 긍정적 관점으로 모순
과 운명의 시련으로 점철된 인생을 헤쳐나가는 모습은 모든 사람에
게 귀감이 되어 마땅하다.

그녀의 첫 번째 결혼 생활은 그다지 행복하지 않았다. 그럼에도
그녀는 췌장암에 걸린 남편을 정성으로 돌보았다. 남편은 49세에
죽었다. 안네는 두 번째 남편과 아주 아름답고 충만한 시간을, 다정
다감한 사랑이 넘쳐나는 행복한 시간을 맛보았다. 그러나 이 아름
다운 시간은 고작 10년을 넘기지 못했다. 두 번째 남편은 폐암으로

• 『최고의 시절: 여인들이 들려주는 늙어감(Die besten Jahre: Frauen erzählen
vom Älterwerden)』: 독일의 여성 작가 모니카 슈크(Monika Schuck)와 베르벨
쉐퍼(Bärbel Schäfer)가 45명의 여인들을 인터뷰한 내용을 2009년 5월에 발표
한 책이다.

사망했다. 남편의 죽음 이후 모든 것이 끝난 것 같았다. 안네는 최고의 사랑을 얻기 무섭게 다시 잃고 말았다. 홀로 남은 그녀는 직업도 없었다. 안네는 그냥 더는 살고 싶지 않았다.

58세라는 나이로 안네는 존재의 나락으로 굴러떨어져 밑바닥에 우두커니 홀로 남았다.

그녀는 두 번째 남편이 노년의 거처로 마련해둔 집으로 이사했다. 남편의 자녀들이 유산 상속을 요구하고 나섰을 때 안네는 다시금 자신이 아직 살아 있구나 하고 깨달았다. 그러나 돈은 없었으며, 집을 팔고 싶지는 않았다. 결국 안네는 돈을 벌어 유산을 차근차근 갚아주기로 하고 아이들을 돌봐주는 보모로 일자리를 얻었다.

안네는 지독한 외로움에 시달렸으며, 남편을 잃은 아픔을 이겨낼 수 없었다. 그럼에도 그녀는 다시 살아보려 안간힘을 썼다. 안네는 방송 강좌를 통해 현대 예술 학업을 마쳤으며, 단역 배우 교육을 받았고, 문학 모임을 만들었다.

그녀에게 여전히 없는 것은 성생활이었다. 63세에 그녀는 다시금 자신보다 아홉 살이 어린 어떤 남자를 알게 되어 매우 아름다운 관계를 가졌으나, 정신적 조화가 맞지 않아 이내 관계를 끝냈다.

다시금 홀로 된 안네는 장거리 여행을 떠나기로 결심하고 대출을 받으려 했다. 집이라는 담보가 확실했음에도 그녀는 대출을 받지 못했다. 은행에서는 그녀가 너무 늙었으며, 상속권자들이 집을 담보로 잡는 것에 이의를 제기할 것이라고 답했다. 안네는 심지어 법적 책임을 감당할 수 있는지 테스트까지 받아야만 했다.

이런 힘거운 일을 겪으면서도 그녀는 긍정적 관점을 포기하지 않았다. 그녀는 인생을 살며 자신을 완성하는 일에 매진해야 한다고 강조했다. 몸이 건강하고 정신이 호기심을 잃지 않도록 노력해야 하며 새로운 과제 앞에서 위축되는 모습을 보이지 않아야 한다고 안네는 눈빛을 빛냈다.

"다른 사람에게 먼저 다가가 새로운 것을 시도할 줄 아는 열린 자세를 가진 사람은 늙어서도 열린 마음을 가집니다." 이 발언은 인생의 괴로움을 신물 나도록 맛본 여인이 했다고는 믿기지 않는 말이다.

안네는 자신이 젊은이들에게 모범을 보여주어 늙어감의 두려움을 덜어주고 싶다고 했다.

그녀는 실제로 젊은이뿐만 아니라 모든 사람, 특히 인생이라는 계곡의 밑바닥에서 더는 빠져나갈 길이 없다고 믿던 사람들에게도 모범이 되었다. 늙었다고 포기하지 않는 자세는 그만큼 큰 울림을 준다.

안네 R.는 우리에게 어떤 영감을 주나?

안네 R.의 사례를 통해 우리는 삶을 살아가는 긍정적 태도를 다시금 생각하게 되며, 우리를 떠받들어주는 내면의 힘을 되새기게 된다. 이런 긍정적 태도와 내면의 힘은 노년에도, 아니 바로 노년이라서 더욱 소중한 것이다.

고령자를 다룬 기사는 늘 경제적 형편과 식생활과 운동을 거론한다. 인생을 이해할 줄 아는 좋은 기자는 노인의 살고자 하는 의지, 밝은 성격 또는 용기를 언급하기도 한다. 그러나 이런 노인을 떠받쳐주는 내면의 힘을 다룬 기사는 거의 찾아볼 수 없다.

긍정적 생각과 삶을 바라보는 믿음

안네 R.가 보여주는 긍정적 자세의 기초는 내면의 힘이다. 내면의 힘은 우여곡절이 끊이지 않을지라도 인생은 계속되리라는 믿음에서 비롯된다.

인간은 누구나 내면의 힘을 가졌으며, 그것을 이용할 수 있다. 물론 우리는 저마다 가진 확신에 따라 이 내면의 힘에 이런저런 이름을 붙이고 자신이 부르는 것만이 옳다는 생각에 익숙해져 있기는 하다. 종교적 신앙, 영성, 긍정적 사고방식 또는 그냥 인생에 가지는 깊은 믿음 따위로 마치 상표처럼 이름을 붙이고 상표에 집착하는 행태는 주변에서 쉽사리 찾아볼 수 있다. 그러나 본질은 상표가 아니라, 이로부터 우리가 얻는 힘이다. 이 힘은 원칙적으로 이름을 필요로 하지 않는다. 중요한 것은 이 힘을 감지하는 것일 뿐, 무어라 이름 붙이는 게 아니기 때문이다.

이름에 집착하는 것과 본질의 차이는 다음의 예가 잘 보여준다. 쌍둥이 형제는 각기 정말 다른 생활 태도를 가졌다. 형은 건강 걱정이 심해 마치 제 집 드나들듯 의사를 찾았다. 동생은 의사가 도대체 왜 필요한지도 몰랐다. 형은 신앙심이 깊었으며, 신이 모든 어려움, 질병도 이겨내게 도와줄 것으로 굳게 믿었다. 동생은 신이라는 단어를 입에 올린 적이 없으며, 잘 지내느냐는 물음에 항상 자신은 물속의 물고기처럼 건강하다고 답했다.

형제는 둘 다 100세가 되었다. 형은 몇 가지 자잘한 병을 앓기는 했지만, 건강에는 전혀 이상이 없었다. 동생은 자신이 늘 하던 말대로 물속의 물고기처럼 건강했다.

형제는 각자 내면의 힘을 다르게 활용했다. 형은 믿음으로, 동생은 긍정적인 태도로 내면의 힘을 길어 올렸다. 결과는 큰 차이가 없다.

안네 R.와 크리스티안 그룰도 마찬가지다. 안네는 믿음도 영성도 거론하지 않았지만, 인생을 긍정적인 태도로 살았다. 크리스티안 그룰 역시 긍정적인 태도를 자랑했지만, 그가 가진 이런 태도의 기초는 영성이었다. 긍정적 사고방식의 선구자인 조지프 머피 박사*와 카를 오토 슈미트가 개척한 정신적 자산은 그룰 인생의 일부가 되었다. 그는 두 저자의 수많은 책들을 거의 모두 읽었다.

안네 R.의 인생을 지탱해준 것은 생명이 가진 내면의 힘을 긍정하는 믿음이다. 크리스티안 그룰은 영성에 맞춘 삶의 태도로 자신의 인생을 역동적으로 꾸미며 질병과 금전적 어려움을 이겨냈다.

직관 – 내면의 목소리

직관은 우리 인생의 길라잡이가 되어주는 내면의 힘이다. 독자 여

• 조지프 머피(Joseph Murphy: 1898~1981): 아일랜드 태생의 작가로 미국에서 주로 활동하며 범신론적 입장에서 긍정적 사고방식의 힘을 강조한 인물이다.

러분은 내가 이 책의 연습들에서 이 작은 내면의 소리를 듣기 위해 '내면을 느껴보라고' 요구한 것을 기억할 것이다. 이 내면의 소리는 바로 여러분 자신의 것이며, 오로지 당신이 가장 잘되기만을 바란다.

자율적으로 행복한 노년을 꾸려가는 인간은 내면의 가장 깊은 곳에서 들려오는 이 소리를 따르며 외적인 어려움에 맞선다. 그러나 우리는 너무 자주 이 내면의 소리를 무시한다. 우리는 권위를 우리 자신 속에서가 아니라 바깥에서 찾는 데 익숙해져 있기 때문이다.

직관은 지성과는 무관한 영감이다. 물론 우리는 직관이 어떻게 이뤄지는지 의문을 품을 수 있다. 영성을 믿는 사람들은 직관을 영적인 도우미가 전달해주는 일종의 '계시'라고 설명한다. 반면, 영성을 그다지 믿지 않는 사람들은 직관을 그저 어떤 특정한 인물의 능력으로 여긴다. 직관은 흔히 여성의 특성으로 간주되기는 하지만, 그렇게 볼 확실한 근거는 없다.

분명한 점은 이 내면의 소리, 직관을 따르는 사람은 좋은 결정을 내려 해를 입는 일이 없다는 것이다. 이것이 직관의 소리에 더욱 집중해서 귀를 기울여야 하는 이유다.

영성 – '무병장수를 떠받드는 다섯 번째 기둥'

일본인, 특히 오키나와 섬 주민의 장수는 전 세계적으로 유명하다. 오키나와의 노인들은 정신적으로나 신체적으로 건강하고, 활달하며, 남의 손에 의지하지 않으며, 항상 일거리를 손에서 놓지 않는 삶을 산다.

장수를 다룬 대부분의 연구에서는 무엇보다도 유전자에 초점을 맞추며, 그다음으로 식생활, 운동, 환경 요소를 살핀다. 독일의 저자 울라 란후버Ulla Rahn-Huber는 자신의 책 『이렇게 하면 100세를 산다So werden Sie 100 Jahre』에서 한 걸음 더 나아간다. "오키나와의 기적은, 수명을 늘려주는 효과를 저마다 자랑하는 다섯 개의 기둥 덕이다." 그녀가 말하는 다섯 개의 기둥이란 식생활, 평생 목표로 삼는 과제, 운동, 공동체 그리고 영성이다. 그녀는 이 다섯 개의 기둥이 함께 작용할 때에만, 이것들이 인간이 100세가 넘도록 활달하고 건강하며 즐겁게 살 수 있는 젊음의 샘물이 된다고 강조한다.

우리는 '함께 작용할 때에만'이라는 표현을 가슴속에 새겨야 한다. 식생활과 운동은 노년 연구가들이 대개 주목하는 것이며, 공동체와 평생의 과제도 때때로 언급되기는 한다. 그러나 영성을 언급하는 경우는 거의 찾아볼 수 없다.

장수는 또 과학자가 연구하는 대상이기도 하다. 과학자는 영성의 문제에서 무엇보다도 과학의 법칙, 곧 증명 가능해야만 한다는 법칙에 부딪친다. '애매'하고 주관적인 영성을 어떻게 좋은 노년의 요소로 증명하는 일이 가능할까?

그러나 영성과 같은 중요한 요소를 고려하지 않는 연구 결과가 어떻게 정확할 수 있을까? 전체로 파악해야만 하는 인간이라는 존재로부터 한 부분을 빼버리는 관점을 두고 현실을 온전히 반영했다고 하는 말은 성립할 수 없다. 그러나 안타깝게도 현대의 자연과학은 항상 이런 식의 일면적인 주장만 일삼는다. 그러나 흥미롭게도 과학을 맹신하지 않는 사회와 문화에서는 노인에게 좀 더 충실한 존경을 보이려 노력한다. 내가 아주 잘 아는 아프리카 대륙에서노인에게 보이는 존경은 거룩함의 분위기까지 풍긴다. 그곳의 노인은 피안과 연결해주며, 초월적 존재에 가장 가깝게 서 있는 중개자다. 바로 그런 이유로 아프리카 사람들은 노인에게 지극한 존경을표한다. 예를 들어 토고 남부 지방의 언어인 에웨어에는 우리처럼부정적 색채를 가진 '노화'에 해당하는 단어가 없다. 그들의 관점에서 무기력하게 늙어간다는 것은 말이 되지 않는 이야기다. 오히려 에웨어는 '성장하다' 또는 '위대해지다'라는 뜻으로 노화 과정을나타낸다.

좁은 의미의 종교적인 개념으로 보든, 또는 넓은 의미의 정신철학적인 개념으로 이해하든 상관없이, 영성은 나이를 먹어가면서 우리의 내면에서 갈수록 강해지는 힘이다. 비록 '외적인 힘'은 갈수록약해진다 해도, 이 내면의 힘은 오히려 더 강해진다.

믿음의 힘

오늘날 적지 않은 사람들은 믿음이라면 멀찌감치 거리를 두는 태도를 보인다. 믿음을 교회와 동일시하는 탓이기도 하지만, 또한 종교적 믿음이 지나치게 편협하다고 보는 관점이 더 큰 원인이다. 또 오늘날 경험하는 종교적 극단주의는 중세의 종교 재판에 조금도 뒤지지 않을 정도라 믿음으로부터 거리를 두도록 톡톡히 거들고 있다.

그러나 분명한 사실은 활발하고 역동적이며 행복한 노년을 누리는 경우 종교적 믿음이 그런 활력의 바탕이라는 점이다. 예를 들어 시력을 잃었음에도 남미로 가서 그곳의 어려운 사람들을 돕는 레나테 라첼의 놀라운 힘은 믿음에서 비롯된다. 또 훌다 크룩스를 다룬 보도에도 그녀를 떠받들어준 힘을 이야기하는 문구는 어렵지 않게 찾아볼 수 있다. 물론 다른 성취들에 가려져 있어 주의 깊게 가려 읽어야 하기는 하지만 그런 함의만큼은 분명하다. "그녀는 창조주를 바라보는 깊은 믿음으로 인생을 살았다." 그녀가 험산을 오르는 이유도 창조주가 만들어낸 피조물의 아름다움 앞에서 겸허해지기 위해서라고 했다. 산을 오르며 그녀는 창조주가 선물한 몸을 잘 돌보아야 할 책임감을 느낀다고도 했다.

나는 종종 흑인이 그 비인간적이고 참혹한 노예 생활을 어떻게 견뎌내고 살아남았는지 의문을 품곤 했다. 그 답 역시 믿음에서 찾을 수 있다. 오늘날 가스펠 송을 들어봐도 오로지 믿음만이 흑인들로 하여금 그 이루 말할 수 없는 참혹한 운명을 견디게 해준 힘임을 우리는 분명하게 알 수 있다. 조지 도슨에게도 믿음은 결정적 힘을 발휘하게 만든 바탕이다.

아프리카계 미국인 조지 도슨은 남부 주 출신으로 98세에 글을 읽고 쓰는 것을 배워 세간에 화제가 된 인물이다. '큐 클럭스

클랜'이 기승을 부리던 시절 남부 주에서 산다는 것은 흑인에게 심적으로든 물리적으로든 지옥과 다르지 않았다.

어린 시절 밭일을 도와야만 했던 도슨은 학교에 갈 수가 없었다. 10세 때 그는 17세인 형이 백인에 의해 목매달려 죽는 모습을 고스란히 지켜봐야만 했다. 17세의 흑인은 어떤 백인 처녀가 그에게 강간을 당했다고 거짓말을 하는 바람에 목숨을 잃었다. 사실은 남자 친구와 관계하여 임신을 하고도 그를 지켜주려고 엉뚱한 흑인에게 누명을 뒤집어씌운 것이다. 12세 때 도슨은 1달러 50센트에 어떤 백인 농부에게 팔렸다. 젊은 시절 그는 오로지 목화를 따고 사탕수수를 짜는 일만 했다. 나중에는 도로 공사와 선로 공사의 막일꾼으로 연명했다. 자신의 첫 번째 아내가 사망하자 그는 재혼했다. 그러나 두 번째 아내도 오래가지 않아 죽었다. 세 번째 결혼도 똑같은 결과를 낳았다. 네 번째이자 마지막 아내도 그보다 먼저 죽었다. 참으로 가혹한 인생이었지만 도슨은 전혀 불평하지 않았다.

도슨은 102세에 어떤 교사의 도움을 받아가며 책을 한 권 출간했다. 책의 제목은 『인생은 너무 좋다Life is so good』이다. 인생이 너무 좋다니, 꽃길 한번 걸어본 적이 없으며, 온갖 아픔으로 얼룩진 인생을 살고, 평생 사회로부터 차별을 받은 사람이 쓴 것이라고는 믿기지 않는 제목이다.

고령에 이르기까지 고통스러운 삶을 견딜 수 있게 해준 도슨의

• 큐 클럭스 클랜(Ku Klux Klan): 남북 전쟁 후에 미국 남부의 여러 주에서 조직된 극우적 성향의 백인 비밀 결사. 흑인과 흑인 해방의 동조 세력을 적대시했다.

힘은 믿음에서 나온다.

"신이 저 위에서 미소를 짓지요." 언젠가 그가 했다는 말이다. 마침내 글을 읽고 쓸 수 있게 되자 그는 이런 탄성을 쏟아냈다. "이제는 성경을 직접 읽을 수 있어 너무 좋아요."

완성 - 노년에 정신을 갈고닦자

이 장의 제목을 읽으며 독자 여러분은 의아함을 품으리라. '정신을 갈고닦자'라니, 이게 무슨 뜻일까? 나는 이 표현을 2003년 당시 72세의 일본인 아노 모토미치*가 했던 인터뷰를 보고 끌어다 썼다. 아노 모토미치는 합기도 사범이다. 그는 공격보다 수비를 위주로 하는 이 호신술을 83세인 지금도 여전히 가르친다. 동양 무예의 위대한 스승들이 강조하듯, 그 역시 이 무술의 진정한 본질은 싸움이 아니라고 강조한다. 일본의 호신술인 합기도는 올바로 이해하자면 정신력과 매우 밀접한 관계가 있다.

합기도 공인 8단은 서구로 말하자면 챔피언과 같아 최고의 경지라 할 수 있다. 그러나 아노 모토미치는 동양 정신을 바탕으로 다르게 본다. "정신을, 곧 마음을 갈고닦아야 한다. 늘 정신을 연마하고 가다듬는 것이 가장 어려운 과제다. 합기도를 더는 연마하지 않는다면, 나는 정신을 갈고닦을 수 없다. 그럼 나는 나 자신을 더욱 섬

• 아노 모토미치(Anno Motomichi: 1931~): 1978년부터 합기도 공인 8단으로 활동하고 있다.

세하게 완성할 수 없다." 스승의 육성이다.

자신의 정신을 갈고닦으며, 자신을 더욱 섬세하게 완성하고, 자신을 변화시키며, 자아를 키운다는 발상은 우리 서구인이 이해하는 '발달'과는 상당한 차이를 보이는 사고방식이다.

이 책의 끝부분에 이르러 이로써 우리는 다시 출발점에 선다. 노년을 바라보는 우리의 관점은 지나칠 정도로 물질적이며 '육신'에만 주목한다. 노년을 내리막길로 이해할 뿐, 더욱 위로 올라가려는 발달로 보지 않는 이유는 이런 물질적 이해 때문이다.

정신, 곧 물질과 육신이 아닌 깊고 맑은 정신을 더욱 키우고 발전시키는 일을 어째서 고령이라고 멈춰야만 하는가? 몸은 젊은 시절만 못하다 할지라도 정신은 얼마든지 그 품위와 깊이를 지켜낸다. 늙어서 휠체어에 앉거나, 몸을 거의 움직일 수 없다 하더라도 우리 안의 정신적 본질은 찬연하게 빛난다.

도대체 이것이 무슨 말인지 거의 혹은 전혀 이해할 수 없다는 태도야말로 노년을 내리막길로 보는 결정적 이유다. 우리는 나이를 몸에만 맞춰서 보기 때문이다.

정신을 중시하는 태도는 전혀 다르다. 정신에 초점을 맞춰 보는 인생은 끊임없는 성장이며, 완전함을 추구하는 데서 의미를 찾는다. 그러나 서구에서 노년을 다룬 책들 가운데 이런 생각은 정말이지 찾아보기 어렵다.

정신은 노년을 보는 관점을 바꾸도록 돕는다

지금까지 열한 개의 장에서 우리는 노년, 특히 행복하고 건강한 고령을 누리게 기여하는 다양한 특성과 사고방식과 태도를 살펴보았다.

건강, 용기, 변화 의지, 자기 자신을 믿는 태도, 개방성, 소명감, 창의성, 봉사 정신 등 각각의 특성에 최선을 다해 노력을 기울인다면 이런 특성을 내면에 새기는 일은 충분히 가능하다. 대개는 쉽지만, 어려운 것도 없지는 않으리라.

그러나 한 가지만큼은 확실하게 이 모든 도전 과제를 쉽게 만들어준다. 그것은 곧 긍정적인 정신이다. 긍정적인 정신은 이런 특성들의 내면화를 더 낫게, 무엇보다도 훨씬 더 빠르게 만들어준다. 긍정적인 정신은 우리가 인생을 살며 이룩하고자 하는 모든 것에서 촉매 역할을 하기 때문이다.

몇 가지 예를 들어 긍정적인 정신의 촉매 효과를 분명히 알아보자.

- 질병: 질병은 행복한 노년을 좌우하는 핵심 요소다. 정신력이 강한 사람들은 자신 안에 숨은 긍정적인 힘을 이끌어내 건강해지고 건강을 유지하도록 몸을 지킬 줄 안다.
- 생활의 어려움: 누가 인생을 살며 어려움을 겪지 않을까? 정신력이 강한 사람들은 인생에서 일어나는 모든 일이 저마다 의미를 가진다고 믿는다. 바로 그런 이유로 어려움을 기꺼이 감당하며 긍정적

으로 바꿔낼 줄 안다.

- **직업과 소명**: 정신력은 직관의 능력을 키워준다. 직관은 자신의 인생에 주어진 과제, 즉 소명을 이루기 위해서는 무슨 힘이 필요한지 분명하게 자각할 수 있게 해준다.
- **봉사 활동**: 종교적 신앙심이 깊은 사람은 이웃 사랑에 충실하려 노력한다. 이런 영성은 타인을 존중하고 공감할 수 있게 해준다.

이런 사례들을 통해 우리는 열린 정신이 충만하며 행복한 노년을 어떻게 만들어내는지 살필 수 있다.

인간이 인생의 막판이나 밑바닥에서 정신의 힘을 발견하는 일은 드물지 않게 일어난다. 자신의 머리로 더는 헤쳐나갈 수 없거나, 과학이 아무런 해결책을 제시하지 못할 때 인간은 모든 것을 초월한 저편, 곧 '피안'을 향해 마음의 문을 연다. 물론 내면의 힘을 발견해야만 하는 지경까지 오지 않았더라면 덜 고통스러웠으리라는 것은 분명한 이야기다. 더욱이 질병의 경우 이런 깨달음은 너무 늦어 아무 도움이 되지 않는다.

나는 최근에 알게 된 매우 인상적인 사례로 이 장을 마무리하고자 한다. 네 명의 형제자매는 가족에게 특별한 병력이 있다는 사실을 마음의 부담으로 안고 살았다. 어머니가 특정 유형의 암으로 사망했기 때문이다. 의사들은 이런 경우 유전의 가능성 또는 심지어 확률을 말한다. 이런 태도는 의학적으로 볼 때 정확하기는 하나, 당사자들에게 부담을 주는 무책임한 것이다. 가족의 병력으로 자신도 위험할 수 있다는 생각은 쉽게 떨쳐버릴 수 없는 부정적인 힘을 가지기 때문이다. 네 명의 형제자매의 경우가 바로 그랬다. 장남은 어머니와 똑같은 암에 걸려 70세를 넘기지 못하고 죽었다. 몇 년 뒤이 암은 큰 딸에게서도 나타나 비극적 결과를 불렀다. 겁이 난 셋째는 철저하게 진단을 받았다. 그녀에게서도 유전적 요인으로 같은 암에 걸릴 수 있다는 진단이 나왔다. 그녀는 아예 예방 차원에서 수술을 받아 해당 부위를 제거했다. 오로지 막내딸에게서만 이런 위험이나 징후가 나타나지 않았다. 똑같은 유전적 요소를 가졌음에도 어떻게 이런 차이가 생겨났을까? 막내는 유일하게 오랫동안 영성적인 삶을 살았다. 명상을 즐기고 수행에 매진했으며, 대안의학을 선호하면서 몸과 정신과 영혼을 매우 의식적으로 돌보는 삶은 유전적인 암조차 막아주었다.

연습 19
나는 내면의 힘과 어떻게 만나나?

원하는 독자라면 지금 우리의 주제 '내면의 힘'과 관련해 자신은 어떤 성향인지 생각해보는 것도 좋으리라. 나는 종교적 믿음에 충실한 편인가, 아니면 종교와는 관련이 없는 정신력을 믿는 편인가? 또는 아예 '아무것도 믿지 않는 편'인가? 사실 아무것도 믿지 않는다는 표현은 그럴싸하기는 하지만 (대개) 잘못된 표현이다. 믿음의 문제는 독자 여러분에게 과연 어떤 의미를 가지는지, 또 이런 믿음이 무엇을 베풀어주는지 생각해보는 기회를 가져보기를 바란다.

그러나 이런 '믿음 체크'가 이 연습을 위해 꼭 필요한 것은 아니다. 나는 오히려 종교적 믿음, 확신, 혹은 심지어 '정신적 지식'을 몇 분 동안이라도 무시하고 오로지 다음 물음에 집중해보도록 독자에게 권고하고 싶다. "나는 인생을 살며 나 자신을 떠받들어주는 '어떤 것'을 느끼나?"

부탁하건대 이 물음에 이성적으로 지식을 가지고 답하지 않기 바란다. "신이 나를 지켜준다고 믿어." 또는 "우주가 나를 떠받들어줘." 하는 말은 하지 말자. 답을 생각하지 말고, "느끼자!"

느낌으로 다가오는 답만이 고려할 가치가 있는 유일한 것이다. 이런 조건 아래서 이 연습은 처음에 예상했던 것보다 어려울 수 있다. 아마도 이 물음과 연습의 답을 찾기까지 며칠이 걸릴 수도 있다.

그러나 자신의 내면을 찾아 떠나는 여행은 반드시 필요하다. 자신이 믿음이나 정신과는 거리가 멀다고 여겨온 독자라 할지라도 돌연 내면에서 인생의 온갖 어려움을 버틸 수 있게 해준 어떤 것을 발견하는 경험은 충분히 가능하다. 또는 지금껏 자신이 독실한 가톨릭이나 개신교 신도라고 여겼던 독자가 자신이 믿음에 뭔가 문제가 있다고 '느끼는' 경험을 할 수도 있다. 혹은 이 탐색을 하면서 내면의 힘을 찾고 싶다는 갈망이 일어날 수도 있다.

내면에서 뭔가 찾아냈지만 충분히 명확하지 않아 만족스럽지 못한 독자라면 이 책을 계기로 삼아 더욱 탐색에 매진하기를 바란다. 이런 관점에서 활용할 수 있는 자료나 기회는 오늘날 주변에서 얼마든지 찾아볼 수 있다. 책, 잡지, 세미나, 강좌 등은 큰 비용을 들이지 않고도 활용할 수 있으며, 그 어떤 의무를 수반하는 것도 아니다.

아무튼 독자 여러분이 자신에게 중요한 것을 찾아내 더욱 성장할 수 있는 기회를 누릴 수 있기를 희망한다.

당신이라면 안네 R.를 다룬 이 장에서
어떤 개인적인 교훈을 이끌어낼까?

안네 R.의 사례와 이 장의 논의는 당신에게 개인적으로 어떤 영감을 주었는지 메모해보라. 이 장에서 읽은 내용 가운데 어떤 것을 당신은 실현시키고 싶은가?

◇ **이 장에서 살핀 사례는 나에게 개인적으로 무엇을 말해주었나?**

_____

_____

_____

_____

◇ **나는 구체적으로 어떤 대책을 세울까?**

_____

_____

_____

_____

마치며

열두 개의 장들은 고령의 독특한 노인들이 독자 여러분에게 베푸
는 보물을 만끽할 수 있게 해주었다. 이 마지막 결론 장은 이런 보
물을 요약해서 독자 여러분에게 그 핵심을 전달하고자 한다. 그러
나 '들어가며'에서 이미 언급했듯, 이 책을 읽고 사례들을 경험한 것
만으로는 부족하다.

많은 경우 나는 독특한 노인의 사례들만으로도 배움을 얻기에는
충분하다는 말을 듣는다. 근본적으로 설명도 연습도 필요 없다는
주장이다. 그러나 사례만으로 배움을 얻을 수 있는 사람은 극소수
에 지나지 않는다. 우리는 그런 사례들을 듣고 또 읽으며 감탄한다.
그러나 이것만으로 우리 인생과 생각 또는 태도에 얼마나 많은 변
화가 일어날까? 오랫동안 자문 활동을 해온 나의 경험으로 미루어
확실하게 말할 수 있는 것은 그저 읽고 듣는 것만으로 결정적 변화
는 일어나지 않는다는 점이다.

변화는 단호함과 분명한 목표 지향을 요구하는, 시간이 매우 오
래 걸리는 과정이다. 도전을 요구하는 변화일수록 그만큼 더 큰 용

기를 우리에게 요구한다.

나는 사고방식을 바꾸어 노년을 다르게 보자고 누누이 강조해왔다. 사고방식의 이런 전환은 그저 우연히, 또 책을 읽는다고 일어나지 않는다. 연습을 섭렵했다고 해도 실질적 변화는 일어나지 않는다. 중요한 것은 읽고 터득한 것을 꾸준히 실천하는 자세이기 때문이다. 그러나 아쉽게도 이런 수고를 하려는 사람은 그리 많지 않다.

최적으로 긍정적 변화를 이끌어내기 위해서는 읽은 것을 자신의 가슴에 구체적으로 새기는 실천이 꼭 필요하다. 읽고 깨달은 것을 독자 여러분의 인생에서 실천하기 바란다.

구체적인 실천을 위해서는 읽은 내용을 개인적으로 '평가'하는 과정이 꼭 필요하다.

의지를 굳건히 다질 닻을 만들자

연습을 하지 않았으며, 또 개인적으로 읽은 내용을 정리하고 싶지 않다 할지라도 '최소한' 하나의 구체적이고 긍정적인 생각을 얻어낼 때까지 이 책은 손에서 놓지 않도록 하자.

가장 좋은 방법은 이런 긍정적 생각을 쪽지에 글로 써서 잘 보이는 곳에 붙여두거나, 지갑에 넣어 가지고 다니는 것이다.

왜 이렇게까지 간곡하게 권하느냐고? 나는 독자 여러분이 이 책으로 자신의 인생을 조금이라도 더 낫게 만드는 실질적이고도 지속적인 소득을 얻었으면 하는 마음이 간절하기 때문이다.

좋은 책을 읽거나 흥미로운 세미나에 참여했음에도 거의 아무것도 실천에 옮기지 않는 일은 너무 자주 일어난다. 어째서 그럴까? 그 중요한 원인 가운데 하나는 기꺼이 바꿨으면 하고 바라는 것을 우리 인생에 '닻을 내려 든든히 붙들어 매어두지' 않았기 때문이다. 다시 말해서 어떤 것이 좋아서 기꺼이 실천에 옮기고 싶지만, 어느덧 우리 의식에서 이런 변화 의지가 '달아나버린다'.

'스쳐 지나가는 생각'이라는 표현이 있다. 본래 이 말은 전혀 다른 맥락에서 쓰는 것이지만, 허약한 변화 의지를 나타내기에 아주 적절하다. 우리는 어떤 것을 읽고 좋다고 여기며 잠시 그것을 생각하고, 심지어 실천에 옮길 계획을 하기는 한다. 그러나 책을 옆으로 치우거나 세미나실을 나서서 일상으로 돌아오면서 이런 아름다운 의지는 '휙 달아나버린다'.

바로 그런 이유로 나는 이 책에서 떠오르는 생각을 항상 글로 써둘 것을 누누이 당부했다. 그저 몇 마디일지라도 써둔 것만이 남는다. 써둔 것은 다시 꺼내 읽거나, 어디 걸어두거나 지니고 다닐 수도 있다. 말하자면 일종의 '닻'을 만들어 좋은 생각과 의지를 원할 때마다 기억할 수 있게 하는 것이 최선이다.

페이스북의 내 페이지에 어떤 여성 독자는 초등학교를 졸업한 90세 노인을 다룬 신문 기사를 오려 주방 벽에 붙여놓았다고 댓글을 달았다. 매일 보며 자신을 위한 격려로 삼고 싶다는 말과 함께.

반드시 글로 써야만 하는 것은 아니다. 사진이나 어떤 물건으로 자신의 생각이나 의지를 연결시켜도 닻 효과는 충분히 일어난다.

마무리를 위한 개인적인 요약

나는 독자 여러분이 이 책을 최대한 활용할 수 있는 방법을 제안하고자 한다. 주제의 중요도에 따라, 그리고 독자 여러분이 얼마나 많은 시간, 에너지, 주의력을 투자할 수 있는지에 따라, 다음 네 가지로 체계적인 실천 방안을 정리해보았다.

| 최소의 노력형 |

이 책에서 '최소한' 하나의 구체적이고 긍정적인 생각만큼은 얻어내자고 나는 앞서 강조했다. 신선했던 생각 또는 깊은 인상을 준 인물, 어느 쪽이든 좋다. 최소한 한 가지만큼은 이 책과 함께 한 여행의 기념품으로 꼭 챙겨가기 바란다.

| 요약형 |

책을 흥미롭게 읽기는 했으나 많은 시간을 투자할 수 없는 독자라면 각 장마다 메모해둔 것을 참고하는 것이 좋은 방법이다. "이 장에서 살핀 사례는 나에게 개인적으로 무엇을 말해주었나?"와 "나는 구체적으로 어떤 대책을 세울까?" 하는 물음에 적어두었던 것을 다시 살피는 것만으로도 책을 읽을 때의 생생한 느낌은 되살아난다.

아무것도 적어놓지 않았다면, 각 장의 주제를 잠시 떠올리며 무엇을 개인적인 자극으로 받아들이면 좋을지 생각해보자. 이때 중요하게 떠오르는 것은 무조건 적자. 그럼 생각뿐만 아니라, 구체적으로 실천에 옮길 것을 최소한 하나라도 발견할 수 있다.

| 철저형 |

더 많은 시간을 투자할 각오가 된 독자라면 매일 저녁마다 각 장을 다시 철저히 읽고 특히 감명 깊은 것을 써두자.

이런 정리 작업이 끝날 때마다 아름다운 촛불을 켜고 와인 한잔으로, 아무튼 당신이 아름답고 기분 좋은 저녁 시간이라고 떠올리는 방식으로 자축하자. 이렇게 얻어낸 생각과 자극은 독자 여러분의 미래이며 실천만 기다리고 있기에 얼마든지 자축해도 좋다. 분명 여러분 인생에 커다란 플러스가 될 것이다.

좀 더 철저한 재검토를 할 각오가 된 독자는 각 장의 연습과 메모도 다시 음미하도록 하자. 이런 식으로 개인적 성향에 꼭 맞는 목표와 계획의 스펙트럼을 정리하자.

그런 다음 특히 흥미롭고 중요하며 우선시해야 할 것을 고르자. 이 두 번째 단계는 가능할 것으로 설정한 목표의 수를 줄여 가장 구체적인 목표를 가려낼 수 있게 해준다.

마지막 단계로 이 구체적 목표를 실천에 옮기자. 최선은 언제 또는 언제까지 실천할지 시간표를 가지는 계획을 세우는 것이다.

| 집중형 |

이 경우는 말하자면 '고급 과정'에 해당한다. 집중형 독자는 아마도 워크북을 다뤄본 경험이 풍부할 것이다. 이런 독자는 어떤 연습을 언제 되풀이하면 최대의 성과를 올릴 수 있는지 잘 알고도 남는다.

요약형과 철저형을 적절히 병행해가며 어떤 연습을 다시금 실험하고 싶은지 골라 이 연습에 집중하면 최대의 성과는 보장된다.

지구력이야말로 성공의 비결이다

이 말은 몇 년 전 예수회 수사이자 명상의 대가인 후고 에노미야라 살레Hugo Enomiya-Lassalle가 어떤 책의 헌사로 쓴 것이다. 그는 선불교와 기독교가 서로 소통할 수 있게 길을 열어준 선구자다.

이 글을 처음 읽었을 당시 나는 정말 진부해 보여 무척 실망했다. 그처럼 위대한 스승이라면 뭔가 훨씬 더 묵직한 헌사를 해줄 거라고 기대했던 탓이다. 그렇지만 오늘날 나는 확실히 깨달았다. 지구력이야말로 성공의 진정한 비결임을! 무슨 일을 하든 결정적인 것은 지구력이다. 특히 뭔가 어려운 일을 계획하고 아주 멀리 나아가고자 할 때 지구력은 최선의 비결이다.

번개 같은 깨달음이나 대단한 용기 역시 자발적으로 무엇인가 실현할 수 있게 해준다. 아마도 그 좋은 예는 제임스 헨리 아루다 James Henry Arruda이리라. 그는 조지 도슨이 98세에 글을 읽고 쓰는 법을 배웠다는 이야기를 듣고 이렇게 말했다. "그가 할 수 있다면, 나는 최소한 시도라도 할 수 있겠지." 그리고 아루다는 도슨을 그대로 흉내 내 92세에 읽기와 쓰기를 배워 96세에 한 권의 책을 펴냈다.

물론 아루다의 경우처럼 이 책에서 다룬 사례를 그냥 따라 하기만 하는 것도 좋은 일이리라. 그러나 진정 자신의 뜻을 관철시키기 위해서는 강인한 의지력이 꼭 필요하다. 자발적 깨달음이라는 행운이 곁들여진다면 더할 나위 없이 좋다. 이제 남은 것은 오로지 끊임없이 시도하고 버티는 길뿐이다.

무슨 일이든 단번에 되지 않는다고 실망하지 말자. 오히려 의도한 변화가 당장 성공을 일으키는 것이 말이 되지 않는 일이다.

초심을 잃지 말고 버티며 끝까지 시도하자. 새로운 생각을 놓치지 말고 항상 새기자. 주방 벽에 메모지를 붙여놓든 이 책을 눈에 잘 띄는 곳에 두든 초심을 환기시키는 꾸준한 노력을 하자. 노년에 자신이 이런저런 모습이라면 좋겠다고 다른 사람들에게 이야기하자. 분명 긍정적인 힘을 불어넣어주리라.

그리고 성공을 자축하자.

용기를 가지고 평균적으로 20살 연하인 사람들과 함께 하는 학습 코스에 등록하자. 55세에 섹시한 옷을 입어보는 것은 어떨까? 60세에 자신의 숨은 능력을 발견하는 일은 얼마든지 가능하다. 70세에 홀로 사는 이웃 이성, 평소 호감을 가졌던 이성에게 과감히 말을 걸어보자. 그리고 성공을 즐기자. 항상 이런 자존감을 지키자. 이것이 당신을 멀리 갈 수 있게 해주는 힘이다.

미래를 믿자

몇 살이든 상관없다. 자신의 미래를 믿자! 나는 독자 여러분에게 충심으로 격려하고 싶다.

계획, 이상, 꿈, 기획이 특정 연령에서 '더는 쓸모없는 일'이라거나 '더는 가능하지 않다'고 보는 태도는 아무것도 하지 못하게 가로막는 장애물일 뿐이다.

나는 이제 이 책을 맺으며 독자 여러분에게 미래의 믿음 혹은 노년에 미래가 무엇일 수 있을까 하는 물음의 답을 보여주는 아주 아름다운 두 예를 이야기해주고 싶다. 미래의 믿음이 삶에 어떤 활력을 불어넣는지 기적처럼 보여주는 예는 프랑수아François와 마들렌Madeleine이다. 두 사람은 프랑스 남부의 양로원에서 함께 살았으며, 처음 만났을 때 프랑수아는 95세, 마들렌은 94세였다. 그리고 두 사람은 이 나이에 결혼했다. 더 나아가 프랑수아의 인생사는 미래를 보는 다른 관점이 얼마나 현실적일 수 있는지 잘 보여준다. 프랑수아는 104세에 죽었다. 거의 10년을 더 산 것이다. 그는 이 시간 동안 주제와 완벽하게 어울리는 제목 『100년 이상 살며 항상 성장하자!』라는 책을 썼다.

두 번째 익살스럽도록 아름다운 예 역시 프랑스의 것으로 지금까지 우리가 품어온 많은 편견을 버릴 수 있게 해준다. 프랑스 여성 잔 칼망Jeanne Calment은 90세의 나이로 자신이 살던 집을 팔았다. 가격을 협상하며 칼망은 단 하나의 조건만 내걸었다. 곧 막대한 집값을 요구하는 대신, 자신이 죽을 때까지 매달 생활비를 달라는 조건이었다. 집을 구매한 47세의 변호사는 이보다 더 좋은 거래는 있을 수 없다고 회심의 미소를 지었다. 그녀가 워낙 고령이라 그저 몇 년 동안만 생활비를 주면 될 것이라고 계산한 것이다. 몇 년의 생활비라고 해야 실제 집값에 비하면 그야말로 새 발의 피라고 변호사는 여겼다.

그러나 변호사는 심각한 오판을 저질렀다. 잔 칼망은 122세에도 여전히 살아남았다. 변호사는 77세에 그녀보다 먼저 죽었다. 이미 지급한 생활비는 집값의 곱절을 넘어섰으며, 변호사 가족은 계속해서 칼망에게 생활비를 지급해야만 했다.

지금껏 세계에서 최고령의 여인이 보여준 이 익살스러운 사례와 함께 나는 독자 여러분과 작별하고자 한다. 독자 여러분이 자아를 찾아 노년의 행복을 이루는 인생을 살기를 진심으로 축원한다.

아마도 우리는 노년이라는 주제를 다룬 나의 나중 책으로 또 '만날 수 있지' 않을까?! 기쁜 마음으로 그럴 수 있기를 기대한다.

참고 문헌과 추천 도서

◆ 노년을 보는 다른 관점과 새로운 사고방식을 위해 더 읽어볼 만한 책들

Maria G. Baier-D'Orazio, 『Leben wagen bis ins hohe Alter』, Pforzheim, 2012.

Tim Drake & Chris Middleton, 『You Can Be as Young as You Think - Six Steps to Staying Younger and Feeling Sharper』, Pearson Education Limited, Harlow, 2009.

Frederick Frank, 『Zen in der Kunst des Sehens』, München, 1999.

Sigrun-Heide Filipp & Anne-Kathrin Mayer, 『Bilder des Alters - Altersstereotype und die Beziehungen zwischen den Generationen』, Stuttgart, 1999.

Hermann Hesse, 『Mit der Reife wird man immer jünger』, Frankfurt a. M., 2003.

Ellen J. Langer, 『Counterclockwise, Mindful Health and the Power of Possibility』, Hodder & Stoughton, London, 2010.

Dieter Otten, 『Die 50+ Studie - Wie die jungen Alten die Gesellschaft revolutionieren』, Hamburg, 2008.

Frank Schirrmacher, 『Das Methusalem-Komplott』, München, 2005.

K. O. Schmidt, 『Gedanken sind wirkende Kräfte』, 11. Auflage, Pforzheim, 2013.

◆ 고령자와 100세 이상을 다룬 책과 사진 책

Andreas Labes & Stefan Schreiber, 『100 Jahre Leben - Porträts und Einsichten』, München, 2010.

Ulla Rahn-Huber, 『So werden Sie 100 Jahre - Das Geheimnis von Okinawa』, München, 2009.

Ute Karen Seggelke, 『Wir haben viel erlebt! - Jahrhundertfrauen erzählen aus ihrem Leben』, München, 2007.

Sœur Emmanuelle, 『J'ai 100 ans et je voudrais vous dire...』, Plon, Paris, 2008.

◆ 더 읽어볼 만한 책

Lothar Boländer, 『Der 1-Minuten-Körper-Check, Fitness und

Verjüngung für Millionen』, Tutzing, 2002.

Rita Levi Montalcini, 『Ich bin ein Baum mit vielen Ästen ‒ Das Alter als Chance』, München, 2001.

Erich Renner, 『Methusalems Weltreise ‒ Vom Alter hier und anderswo』, Wuppertal, 2007.

Bärbel Schäfer & Monika Schuck, 『Die besten Jahre, Frauen erzählen vom Älterwerden』, Berlin, 2009.

◆ 흥미로운 기사와 볼 만한 동영상(키워드 또는 사람 기준)

'Nun study'(수녀 연구) ‒ http://de.wikipedia.org/wiki/Nun_study

Charles Eugster ‒ Michael Eder, Charles Eugster ‒ Der fitteste Senior der Welt, 2010. ‒ http://www.faz.net/aktuell/sport/mehr-sport/charles-eugster-der-fitteste-senior-der-welt-1624709.html

Soeur Emmanuelle ‒ Gerd Kröncke, Die "Mutter der Müllmenschen", 2010. ‒ http://www.sueddeutsche.de/panorama/schwester-emmanuelle-tot-die-mutter-der-muellmenschen-1.528854

Konrad Thurano ‒ Julia Lutz, Fit wie ein Turnschuh : Der älteste Artist der Welt, 2006. ‒http://www.geo.de/GEOlino/kreativ/fit-wie-ein-turnschuh-der-aelteste-artist-der-welt-4989.html

Doris Long ‒ Abseilen von Hochhäusern mit 101 Jahren, Juli 2015. http://www.dailymail.co.uk/travel/travel_news/article-3159039/She-s-101-year-old-woman-breaks-world-record-oldest-abseiler-roping-one-Britain-s-tallest-buildings.html

Ruth Flowers ‒ DJane mit 70 Jahren, https://www.youtube.com/watch?v=C9YK648vk-E www.mamyrock.com

Paddy Jones ‒ Salsa-Auftritt in Talenteshow mit 80 Jahren, https://www.youtube.com/watch?v=5lsU88aiSK8

색인

저자 소개

마리아 바이어도라지오는 명확한 목표를 가진 책을 써왔다. 그녀는 사람들로 하여금 대중의 의견과 확신에 이끌리지 않고 자신의 인생을 용감하고 진정성 있게 꾸리도록 격려하고 싶어 한다. 이를 위해서 과감한 도전을 해야 한다는 점을 그녀는 자신의 인생으로 보여준다. 학업을 마치고 높은 연봉의 확실한 직장을 택하는 대신, 그녀는 멀리 미지의 땅으로 자신을 이끄는 내면 깊숙한 희망을 따랐다. 개발 도상국의 봉사 요원으로 그녀는 아프리카로, 그다음에는 남아메리카로 가서 이 두 대륙에서 12년이라는 세월 동안 일했다.

현재 마리아는 국제 개발 협력의 전문가이자 상담사로 일하며, 20년이 넘게 수많은 국가의 사람들을 도와 프로젝트 수행, 문제 상황 분석, 창의적 해결책의 모색에 힘쓰며 커뮤니케이션과 인격 함양을 코치해왔다. 낯선 문화와 늘 새로운 만남은 배움의 자세를, 항상 계획이 가능하지 않은 상황은 유연성을 요구한다. 위기 지역의 생활은 대담함을 가져야만 이겨낼 수 있다. 현재 63세의 저자는 인생에서 무엇이 가능하며, 또 언제부터 무엇은 가능하지 않은지 가려보는 개인의 관점은 매우 상대적임을 보여준다.

저자는 이 책을 통해 자신을 믿고 마음 깊숙한 곳에서 힘을 끌어올리며 '노년'을 바라보는 굳어진 관점을 용감하게 무너뜨리는 깨달음을 전해주고자 한다. 이 깨달음의 기초는 폭넓은 취재로 확인한 잠재력, 인간이 무척 고령의 나이에도 증명해 보이는 놀라운 잠재력이다.

마리아 바이어도라지오는 개발 지원 분야의 전문 서적 세 권, 두 편의 소설, 그리고 역동적이며 영감에 넘치는 노년을 주제로 쓴 두 권의 실용서의 저자다.

다르게 생각하고, 다르게 살며, 다르게 행동하자. 이것이 긴장감에 넘치는 진정한 인생, 그리고 내면의 젊음을 유지하는 그녀의 비결이다.

연락 정보

저자는 자신의 페이스북 페이지에 역동적이며 용감한 노년 및 독특한 고령자의 최신 소식을 주기적으로 업데이트한다. 그녀의 홈페이지 또는 'Xing' 네트워크를 통해서도 연락을 취할 수 있다.

www.facebook.com/baierdorazio.autorin
www.consult-and-write.com
www.xing.com

김희상

성균관대학교와 동 대학원에서 철학을 전공했으며, 독일 뮌헨의 루트비히막시밀리안대
학교와 베를린 자유대학교에서 헤겔 이후의 계몽주의 철학을 연구했다. 저서로『생각
의 힘을 키우는 주니어 철학』을 집필했고, 역서로는『늙어감에 대하여』,『사랑은 왜 아
픈가』,『봄을 찾아 떠난 남자』,『나는 왜 테러리스트를 변호했나?』등 100여 권이 있다.

인생은 더 많은 것들을 준비해두었다

초판 1쇄 발행 2019년 2월 15일

지은이 마리아 바이어도라지오
옮긴이 김희상
펴낸이 이종호
편 집 김미숙
디자인 씨오디
발행처 청미출판사
출판등록 2015년 2월 2일 제2015-000040호
주 소 서울시 마포구 토정로 158, 103-1403
전 화 02-379-0377
팩 스 0505-300-0377
전자우편 cheongmipub@daum.net
블로그 blog.naver.com/cheongmipub
페이스북 www.facebook.com/cheongmipub
인스타그램 www.instagram.com/cheongmipublishing

ISBN 979-11-89134-03-7 03190

이 도서의 국립중앙도서관 출판예정도서목록(CIP)은 서지정보유통지원시스템 홈페이지
(http ://seoji.nl.go.kr)와 국가자료공동목록시스템(http ://www.nl.go.kr/kolisnet)에서
이용하실 수 있습니다.(CIP제어번호 : CIP2019003359)
* 책값은 뒤표지에 있습니다.